SÜSSE VERSUCHUNGEN

SÜSSE VERSUCHUNGEN

Über 90 göttliche Rezepte für
Pralinen, Schokoladenkonfekt & Co.

südwest

Inhalt

Verehrte Schokoladen- und Pralinenliebhaber,

die Welt der süßen Versuchungen ist groß und vielschichtig. Wir freuen uns, Ihnen mit diesem Buch einen Einblick hinter die Kulissen der kunstvollen Geschmackswunder geben zu können.
Auf unserer Pralinenreise mit dem Pralinenclub® haben wir zahlreiche Chocolatiers kennengelernt, die mit Liebe und Einfallsreichtum das anspruchsvolle Handwerk der Pralinenfertigung ausüben. Immer wieder begeistern uns Meister-Chocolatiers mit neuen Ideen und kreativen Pralinenspezialitäten, die wir mit den monatlich wechselnden Pralinenclub®-Kollektionen Feinschmeckern und Pralinenliebhabern präsentieren.
Mit dem Buch »Süße Versuchungen« können Sie selbst schokoladig Hand anlegen. Meister-Chocolatiers des Pralinenclubs® haben eigens für Sie Rezepte kreiert.
Durch das Arbeiten mit Schokolade werden Sie das hochwertige Genussmittel aus einem völlig neuen Blickwinkel kennenlernen. Mit den ausgesuchten Rezepten erleben Sie »live«, was es mit unterschiedlichen Schokoladenqualitäten, der Kombination von Zutaten und dem harmonischen Abstimmen des Pralinengeschmacks auf sich hat. Die ersten selbst hergestellten Pralinen geben Ihnen ein Gefühl für die Freuden – und manchmal auch Leiden – der Meister-Chocolatiers.

Ob Sie helle oder dunkle Schokolade bevorzugen, scheint auch davon abzuhängen, aus welcher Region Sie kommen. Auf unseren Pralinenreisen ist uns aufgefallen, dass die Genießer von Nord nach Süd unterschiedliche Geschmacksvorlieben haben. Während im norddeutschen Raum Bitterschokoladen und Pralinen mit Kaffeenuancen sehr beliebt sind, genießen die Rhein- und Moselanlieger gern Weintrüffel oder Pralinen mit Rieslingsekt und Tresterbrand. Die Bayern verzehren am liebsten sahnige und nussige Schokoladenträume, während in den Regionen der Korn- und Obstbrenner die Pralinen oft mit edlen Bränden gefertigt werden. In diesem Buch ist für jeden Geschmack etwas zu finden, und vielleicht lassen Sie sich von unseren Rezepten dazu hinreißen, auch einmal neue Geschmäcker auszuprobieren.
Pralinen sind die Kür in der Arbeit mit Schokolade. Wir wünschen Ihnen viel Freude mit Ihren ersten selbstgemachten Pralinen und wenn Sie möchten, auch beim Genießen der exklusiven Pralinenclub®-Kollektion aus der Meister-Chocolaterie.

Ihr Pralinenclub®
Klaus Passerschröer

PRALINEN HERSTELLEN

Feinste Pralinen selbst zu machen ist gar nicht so schwer. Wir zeigen Ihnen, wie es geht, denn etwas Fachwissen über dieses faszinierende Handwerk sollten Sie schon haben. Genaues Arbeiten mit etwas Fingerfertigkeit, Hilfsmittel wie ein Thermometer, ein gutes Zeitgefühl und natürlich allerbeste Zutaten sind dafür erforderlich. Die feinen Köstlichkeiten werden meist von einem Mantel aus Schokolade umhüllt oder bedeckt – ein Vorgang, der im Französischen »couvrir« genannt wird und damit schon die wichtigste Aufgabe der Kuvertüre aufzeigt.

Sinnliches Vergnügen

Zunächst gilt es, einem Geheimnis auf die Spur zu kommen. Welche Zutaten, Hilfsmittel und Techniken werden benötigt, um feinste Pralinen selbst zu machen? Wir zeigen Ihnen die richtigen Handgriffe, um aus Kuvertüre, Zucker, Nüssen & Co. Köstlichkeiten aller Art zu zaubern – schokoladig, cremig, zartschmelzend. Mit ein wenig Fingerfertigkeit, einem guten Zeitgefühl, Hilfsmitteln wie einem Thermometer, allerbesten Zutaten und den Rezepten aus diesem Buch können Sie Ihre ersten Erfahrungen als Chocolatier sammeln oder Ihren bereits vorhandenen Erfahrungsschatz erweitern. Bei der Herstellung von Pralinen verbinden sich Handwerk und Kunst in ihrer sinnlichsten Form.

Die Kunst der Pralinenherstellung

Die Praline soll im Jahr 1663 von einem Regensburger Koch erfunden worden sein. Er arbeitete für den Herzog César Gabriel de Choiseul-Praslin und schuf ein Konfekt aus Mandeln, Datteln und Schokolade, das auf dem Immerwährenden Reichstag den Deputierten gereicht wurde. Der Herzog brachte das Konfekt an den Hof König Ludwigs XIV. nach Frankreich, von wo es seinen Siegeszug antrat. Zu Ehren des Herzogs nannte der Koch seine Erfindung Praline. Aber auch die Belgier reklamieren die Erfindung für sich. Jean Neuhaus soll die Praline 1912 in Brüssel erfunden haben. Ob der Regensburger Koch oder der Brüsseler Schokoladenfabrikant der Urvater der Praline ist – darüber werden sich die Gelehrten auch weiterhin streiten. Unbestritten ist aber, dass Schokolade ein Hauptbestandteil der Praline ist.

Schokolade reagiert stark auf Temperaturschwankungen, da sie neben anderen Kakaobestandteilen Kakaobutter enthält. Kakaobutter ist bei Raumtemperatur hart und verleiht der Schokolade die gewohnte Festigkeit. Erwärmt man Schokolade, dann verflüssigt sich die Kakaobutter. Je mehr Kakaobutter Schokolade enthält, desto dünnflüssiger und besser verarbeitbar ist sie. Deshalb greifen Chocolatiers immer zu »Kuvertüren« – speziellen Schokoladensorten, die einen höheren Anteil an Kakaobutter enthalten als die normalen Tafeln Schokolade, – um ihre Kreationen zu umhüllen. Das französische Wort »couvrir« (abdecken) gibt damit auch die Hauptfunktion dieser besonderen Schokolade an. Allerdings ist sie sehr empfindlich, denn nur wenn sie innerhalb bestimmter Temperaturspannen verarbeitet wird, erhalten die fertigen Pralinen diesen makellosen, glänzenden Überzug, den wir an ihnen lieben.

Geräte und Hilfsmittel

Der richtige Umgang mit Kuvertüre erfordert eine solide Grundausstattung in der Küche. Die Geräte bekommen Sie im Fachhandel oder bei Spezialanbietern im Internet. Das Schmelzen und Temperieren der Kuvertüre erfolgt in einem Wasserbad. Für das Wasserbad benötigen Sie eine

Schüssel aus Edelstahl mit einem runden Boden. Diese Schüssel muss genau auf einen Topf passen, den Sie auf der Herdplatte erhitzen. Im Spezialhandel werden Sets aus Topf und Schüssel angeboten. Das Set enthält zudem einen Gummiring. Der Gummiring sorgt dafür, dass die Schüssel auch auf der Arbeitsfläche stabil steht.
Pralinen erhalten nur dann ihren seidigen Glanz, wenn Sie sich exakt an die Temperaturangaben halten. Ein Thermometer bzw. ein elektrisches Temperaturmessgerät gehört deshalb zu den wichtigsten Werkzeugen in der Pralinenküche.
Einen Spachtel aus Kunststoff oder Edelstahl benötigen Sie zum Hantieren mit heißen Massen und zum Abziehen der Kuvertüre von den Formen. Um den hohen Temperaturen von z.B. geschmolzenem Zucker standzuhalten, muss Ihre Arbeitsfläche hitzebeständig sein. Edelstahl, Granit oder Marmor sind in jedem Fall geeignet.
Sollten Sie sich für eine Marmorplatte entscheiden, können Sie diese auch für das Temperieren der Kuvertüre nach der Tabliermethode verwenden. Mit einer Streichpalette gelingt es Ihnen, Oberflächen glatt zu streichen.
Um Pralienkörper herzustellen, benötigen Sie Pralinenformen und einen Backrahmen, der aus schlichten Holzleisten gesteckt werden kann. Gefüllt werden die Pralinen mit einem Spritzbeutel oder einer Dosierflasche. Der Spritzbeutel sollte mit Loch- bzw. Sterntüllen versehen sein.
Auch zum Eintauchen, Absetzen und Dekorieren der Pralinen gibt es Spezialwerkzeuge, nämlich Trempier- oder Pralinengabeln. Mit diesen Werkzeugen tauchen Sie die Pralinen in die Kuvertüre. Anschließend setzen Sie sie auf ein Abtropf- oder Pralinengitter.
Eine saubere Arbeitsfläche, Messer, Löffel, Siebe, Teigroller, Schneebesen, Schüsseln usw. sollten selbstverständlich auch vorhanden sein. Eine Pürierstab und ein Handrührgerät benötigen Sie für die Herstellung von Füllungen. Backpapier benutzen Sie, um Ihre Arbeitsfläche oder den Backrahmen auszulegen.

Verschiedene Kuvertüresorten

Je höher der Anteil der Kakaomasse einer Kuvertüre ist, desto dunkler ist sie und desto herber ist ihr Geschmack. Zartbitterkuvertüre besteht aus 60 % Kakaomasse und 40 % Zucker – was auf der Verpackung mit 60/40 angegeben ist. Vollmilchkuvertüre ist heller, da sie weniger Kakao und dafür Milchpulver bzw. Sahne enthält. Weiße Kuvertüre ist im engeren Sinne keine richtige Schokolade, da sie außer der farblosen Kakaobutter keine weiteren Inhaltsstoffe der Kakaobohne enthält, sondern nur noch Milchpulver und Zucker. Im Fachhandel wird sie deshalb auch unter dem Namen »weiße Überzugsmasse« geführt. In diesem Buch werden die Begriffe »dunkle Kuvertüre« und »Zartbitterkuvertüre« synonym verwendet, ebenso wie »helle Kuvertüre« und »Vollmilchkuvertüre«.

Kuvertüre schmelzen

Um Kuvertüre verarbeiten zu können, muss sie zunächst verflüssigt, also geschmolzen werden. Um sie vor direkter Hitzeeinwirkung zu schützen, verwendet man dafür üblicherweise ein Wasserbad. Zuerst wird die Kuvertüre auf

Kuvertüre im Wasserbad schmelzen, mit kalten Stückchen temperieren und die Pralinen damit überziehen.

einer Arbeitsfläche mit einem Messer zerkleinert. Dann gibt man sie in eine Schüssel, die auf einem mit etwas Wasser gefüllten Topf hängt, damit sie nicht den Boden des Topfes berührt. In diesem ca. 60 °C heißen Wasserbad löst man die Kuvertüre unter sanftem Rühren auf. Wichtig ist, dass die Temperatur der Kuvertüre nie über 50 °C steigt. Besser ist es, die Temperatur nur bis 40 °C zu führen, denn vor allem Vollmilchkuvertüre und weiße Kuvertüre werden bei zu großer Hitze rau, da der Milchzucker karamellisiert.

Die Kuvertüre darf nicht mit Wasser in Berührung kommen, denn schon wenige Tropfen lassen sie dicker werden. Auch soll man sie nie schaumig rühren, denn sonst sehen die abgekühlten Pralinen matt und stumpf aus. Kuvertüre ist richtig temperiert, wenn ein in sie eingetauchter Löffel beim Abkühlen einen seidigen Glanz erhält. Matte Streifen zeigen an, dass die Kuvertüre zu warm war.

Temperieren, um schönen Glanz zu erhalten

Wenn geschmolzene Kuvertüre ohne Temperieren verarbeitet wird, erstarrt die Masse nur sehr langsam, und es bildet sich eine »graue« Schicht auf der Oberfläche der fest gewordenen Kuvertüre. Beim Schmelzen setzen sich die schweren Kakaobestandteile inklusive Zucker ab, und die Kakaobutter schwimmt als flüssiges Öl obenauf. Beim Erstarren können sich die Komponenten nicht verbinden, und die transparente Kakaobutter bildet bei langem Stehenlassen einen gelblich-weißlichen Film, der auf dem dunklen Hintergrund der restlichen Kakaomasse wie Schimmel aussieht, ohne welcher zu sein. Um alle Bestandteile nach dem Schmelzen wieder zu einem stabilen Gefüge zu vereinen, muss man kleine Mengen Kuvertüre vorkristallisieren, damit diese Kristalle dann nach und nach die gesamte Kuvertüre wieder verfestigen. Je kleiner und gleichmäßiger die Kristalle in der flüssigen Kuvertüre sind, desto feiner und fester ist das Strukturgefüge der erstarrten Kuvertüre. Ohne Temperieren oder durch falsches Temperieren entstehen große Kristalle, die eine grobe, instabile Kuvertüre hervorbringen.

Richtig temperieren

Damit sich beim Abkühlen die richtigen Kristalle bilden, muss Kuvertüre temperiert werden. Temperieren heißt, dass ein Teil der Kuvertüre zuerst erhitzt wird, anschließend durch unterschiedliche Verfahren abgekühlt und zuletzt wieder auf die richtige Verarbeitungstemperatur erwärmt wird. Doch die Temperaturspannen, in denen sie einwandfrei verarbeitet werden kann, sind klein. Zartbitterkuvertüre lässt sich am besten zwischen 30 und 33 °C, Vollmilchkuvertüre zwischen 30 und 32 °C sowie weiße Kuvertüre zwischen 28 und 30 °C verarbeiten. Unter diesen Werten kann die Kuvertüre so verdicken, dass sie sich nicht mehr gut verteilen lässt.

Temperieren nach der Tabliermethode

Chocolatiers bevorzugen die Tabliermethode, um die geschmolzene Kuvertüre auf die richtige Temperatur einzustellen. Dazu benötigt man eine kühle Arbeitsfläche, vorzugsweise aus Marmor. Etwa zwei Drittel der geschmolzenen Kuvertüre streicht man auf dem Marmor mit einem Spatel schnell hin und her und führt sie in der Mitte wieder zusammen. Sobald die Kuvertüre beginnt, durch Kristallbildung fest zu werden, streift man sie schnell in die Schüssel mit der restlichen warmen Kuvertüre und rührt sie unter. Falls die Verarbeitungstemperatur von 31 bis 32 °C bei Zartbitterkuvertüre und 30 bis 31 °C bei Vollmilchkuvertüre noch nicht erreicht ist, muss man wieder einen Teil der Kuvertüre tablieren. Zu kalte Kuvertüre muss man wieder schmelzen.

Temperieren nach der Impfmethode

Das Verfahren des Temperierens nach der Impfmethode ist für Anfänger zunächst problemloser, da man dabei einfach kalte Kuvertüre in die geschmolzene Kuvertüre einrührt. Zwei Drittel der gehackten Kuvertüre erwärmt man unter Rühren im Wasserbad auf maximal 50 °C. Dann nimmt man die Schüssel vom Wasserbad und gibt nach und nach die restliche, kalte Kuvertüre zu (siehe Seite 142). Durch das Einrühren schmelzen die kalten Stücke, verteilen ihre Kristalle in der warmen Kuvertüre und kühlen diese auf 31 bis 32 °C ab.

Hohlformen zum Füllen

Mit vorgefertigten Pralinenhohlformen lassen sich ganz prima feine Pralinen herstellen. Sie werden meist in sogenannten Blistern, flachen Kunststoffschalen, angeboten und sind in verschiedenen Formen erhältlich. Ob in Herz-, Kugel- oder Schalenform, am besten gibt man die vorgesehene Füllung in einen Spritzbeutel und füllt die

Formen bis etwa 2 Millimeter unter den Rand aus. Die Füllung darf nicht zu heiß sein, damit die Hohlkugeln nicht schmelzen (siehe Seite 93). Nach dem Füllen lässt man die Rohlinge je nach Rezept ein paar Stunden ruhen, damit die Oberflächen antrocknen können. Zum Schließen der Formen muss man erneut Kuvertüre temperieren und gibt dann je einen Tupfer auf die Öffnungen. Sobald auch diese Kuvertüre angetrocknet ist, kann man die Pralinen überziehen.

Der schokoladige Überzug

Gefüllte Hohlkörper und andere Pralinenrohlinge werden zum Abschluss mit einem Kuvertüremantel überzogen, entweder indem man sie direkt in temperierte Schokolade eintaucht oder auf der Hand in Schokolade rollt. Wundern Sie sich nicht, dass in den Rezepten zuweilen bis zu ein Kilogramm Kuvertüre zum Überziehen angegeben ist. Die große Menge ist erforderlich, um die Schokolade richtig temperieren und die Rohlinge darin eintauchen zu können. Oft bleibt dann gut die Hälfte der Schokolade in der Schüssel zurück, die man für ein weiteres Rezept nutzen kann. Für Anfänger in Sachen Pralinen empfiehlt es sich zudem, ein frisches Päckchen Kuvertüre als Reserve im Schrank zu haben.

Überziehen durch Eintauchen

Um eine Praline mit Kuvertüre überziehen zu können, ist eine Pralinengabel sehr hilfreich. Deren lange, dünne Zinken lassen überschüssige Kuvertüre nach dem Eintauchen einfacher abfließen. Zum Überziehen mit temperierter Kuvertüre legt man einen Pralinenrohling auf die Pralinengabel (Bild 1) und taucht ihn einzeln in die Kuvertüre ein (Bild 2). Beim Herausheben lässt man die überschüssige Kuvertüre zunächst etwas über der Schüssel ablaufen, streift sie dann am Schüsselrand oder einem über der Schüssel gespannten Draht ab und setzt die Praline auf Backpapier oder einem Abtropfgitter ab (Bild 3).

Überziehen durch Rollen in der Hand

Für das Rollen in der Hand braucht man etwas weniger Kuvertüre. Dabei empfiehlt es sich, der Hygiene wegen Latex- oder Einmalhandschuhe zu tragen. Man legt sich etwa vier Trüffel in eine Hand, nimmt mit der anderen Hand etwas temperierte Kuvertüre auf und rollt nun mit beiden Händen die Trüffel, bis sie umhüllt sind. Dann kann man sie z.B. in Kakaopulver oder Puderzucker wälzen. Wenn man eine besonders stabile Hülle für die kostbare Füllung haben will, kann man die Trüffel nach dem ersten Rollen auf Backpapier ablegen, erstarren lassen und ein zweites Mal rollen.

Rechteckige Pralinen formen

Marzipanmassen, Nougat, schnittfeste Ganache und Gelee eignen sich vorzüglich, um eckige Pralinen herzustellen. Praktische Hilfsmittel sind dabei schlichte Holzleisten – z.B. mit 1 Zentimeter Höhe –, die man auf eine mit Papier oder Folie ausgelegte Arbeitsfläche parallel nebeneinander legt. Im Handel werden auch Metallrahmen angeboten, die zusammengesteckt werden können. Streichfähige oder ausrollbare Massen können dazwischen gut als Platte geformt werden, da die Höhe der Holzleisten beim Ausrollen eine Begrenzung darstellt.

Mit Marzipan arbeiten

Bei der Verarbeitung von Marzipan ist äußerste Sauberkeit geboten. Man darf es nicht zu kalt verarbeiten bzw. zu lange kneten, sonst tritt Mandelöl aus, und die Masse ist nicht mehr homogen. Zur Lagerung, auch kurzzeitig, deckt man Marzipan mit Folie ab.

Mit Ganache füllen

Eine der beliebtesten Füllungen ist die Ganache, auch Canache oder Trüffelmasse genannt. Sie besteht aus Kuvertüre mit Sahne oder Butter. Für Sahneganache kocht man die Sahne kurz auf, gießt sie über die gehackte Kuvertüre, rührt die Masse glatt und lässt sie abkühlen. Für eine Butterganache rührt man weiche Butter schaumig und rührt flüssige Kuvertüre nach und nach unter. Die Ganache muss vor dem Abfüllen etwas abkühlen, damit die Formen nicht schmelzen.

Vorsicht beim Arbeiten mit Zucker

Achtung! Das Arbeiten mit flüssig geschmolzenem Zucker ist sehr, sehr gefährlich! Der Zucker brennt sich fürchterlich in die Haut ein. Und wenn man sich an der einen Hand verbrennt und dann mit der anderen Hand den Karamell abschlagen will, ist diese direkt mit verbrannt. Zucker schmilzt je nach Art zwischen 145 und 186 °C und verfügt über eine enorme Hitzespeicher- und Klebefähigkeit. Kinder haben in der Nähe daher auch nichts verloren.

Von links: den Rohling auf die Gabel legen, in die Kuvertüre tauchen und abtropfen lassen.

MIT NÜSSEN UND MARZIPAN

Schokolade und Nüsse gesellen sich gern zueinander. Sind beide von höchster Qualität, ist der Erfolg garantiert. Doch nicht nur pur – wie die hier abgebildeten Macadamiapralinen von Seite 37 –, auch in Form von Marzipan, Nougat und Krokant sind geschälte Nüsse prädestiniert für Pralinen. Klassisch ist die Kombination mit Mandeln, denn diese bringen, mit Zucker verrieben, feinste Marzipanrohmasse hervor. Beim Nougat wird die Schokolade in die Nuss-Zucker-Mischung gleich mit eingearbeitet. Und knackig-knusprigen Genuss verspricht der Krokant, für den Nüsse mit Zucker karamellisiert werden.

Kirschmarzipan

Zutaten für 80 Stück

60 g Belegkirschen (Cocktailkirschen)

60 ml Kirschwasser

540 g Marzipanrohmasse

Außerdem:

200 g Zartbitterkuvertüre

ca. 20 Belegkirschen

Zubereitungszeit 1 Stunde
Ruhezeit 1 Tag
Haltbarkeit 5 Wochen

1 | Die Belegkirschen sehr fein hacken und zusammen mit dem Kirschwasser unter die Marzipanrohmasse arbeiten. Die gewürzte Marzipanmasse zwischen 2 Bögen Backpapier 1 Zentimeter dick ausrollen.

2 | Zartbitterkuvertüre temperieren und die Oberfläche der Marzipanmasse damit bestreichen. Erkalten lassen.

3 | Die Platte auf die Kuvertüreseite wenden und in 2 x 2 große Stücke schneiden. Erneut Zartbitterkuvertüre temperieren und die Pralinen damit überziehen. Die Belegkirschen klein schneiden und auf jede Praline 1 Stückchen Kirsche setzen.

Eine Kreation von Bernd Bücker, Spetsmann GmbH, 58638 Iserlohn, Nordrhein-Westfalen

Marzipan mit Krokanthaube

1 | Für die Dekoration die gehobelten Mandeln im Backofen bei 200 °C (Umluft 180 °C, Gas Stufe 3–4) hellbraun rösten. Den Zucker in einem kleinen Topf karamellisieren, von der Kochstelle nehmen und die gerösteten Mandeln einrühren. Auf Backpapier auskühlen lassen.

2 | Die Marzipanrohmasse mit Puderzucker anwirken, d. h. mit den Händen schnell zu einer einheitlichen Masse verarbeiten, und mit Mandellikör würzen. Die Marzipanmasse zu einer 16 x 16 Zentimeter großen Platte ausrollen und in 2 x 2 Zentimeter große Stücke schneiden.

3 | Die Vollmilchkuvertüre temperieren. Die Marzipanrohlinge mit einer Pralinengabel hineintauchen, leicht abklopfen und auf Backpapier setzen. Bevor die Kuvertüre trocknet, mit Mandelblättchen belegen.

Achtung! Das Arbeiten mit flüssig geschmolzenem Zucker ist sehr gefährlich!

Eine Kreation von Walter Imping, Confiserie Imping, 48691 Vreden, Nordrhein-Westfalen

Zutaten für 64 Stück

500 g Marzipanrohmasse
100 g Puderzucker
30 ml Mandellikör (z.B. Amaretto)

Außerdem:

100 g gehobelte Mandeln
15 g Zucker
500 g Vollmilchkuvertüre

Zubereitungszeit 90 Minuten
Ruhezeit keine
Haltbarkeit 8 Wochen

Muskatkuss

Zutaten für 130 Stück

500 g Bitterkuvertüre (60 % Kakao)

300 g Sahne

1 Muskatblüte

50 g Zucker

geriebene Zitronenschale

100 g Butter

Außerdem:

250 g Vollmilchkuvertüre (32 % Kakao)

800 g Zartbitterkuvertüre (50 % Kakao)

Zubereitungszeit 90 Minuten
Ruhezeit 12 Stunden
Haltbarkeit 7 Tage

1 | Die Kuvertüre fein hacken und in eine Schüssel geben. Die Sahne mit der Muskatblüte aufkochen und über die Kuvertüre gießen. Den Zucker und die Zitronenschale zugeben und alles miteinander verrühren. Die Masse auf etwa 30 °C abkühlen lassen. Erst dann die Butter hinzufügen. Die Mischung in einen Rahmen mit 1,2 Zentimetern Höhe gießen und aushärten lassen.

2 | Vollmilchkuvertüre temperieren und die Oberseite der Pralinenplatte damit dünn bestreichen. Aushärten lassen, die Platte umdrehen und die andere Seite ebenfalls mit temperierter Kuvertüre bestreichen. Sobald die Kuvertüre anfängt, fest zu werden, mit einer Gabel ein Wellenmuster anbringen. Sofort in 2,5 x 2,5 Zentimeter große Stücke schneiden.

3 | Zartbitterkuvertüre schmelzen und temperieren. Die Pralinenrohlinge mit Hilfe einer Pralinengabel so bis zum Rand in Zartbitterkuvertüre tauchen, dass das Wellenmuster sichtbar bleibt, und auf Backpapier absetzen.

Eine Kreation von Josef Große-Bölting, Pralinen-Manufactur Josef Große-Bölting e. K., 46414 Rhede, Nordrhein-Westfalen

Weichkrokant

Zutaten für 40–50 Stück

110 g Zucker
10 g Glukosesirup
25 g Sahne
140 g Marzipanrohmasse
140 g Mandelgrieß

Außerdem:

150 g Vollmilchkuvertüre (62 % Kakao)

Zubereitungszeit 1 Stunde
Ruhezeit 12 Stunden
Haltbarkeit 6 Monate

1 | Eine Pfanne erhitzen und den Boden nur knapp mit etwas Zucker ausstreuen. Warten, bis sich der Zucker verflüssigt. Nach und nach immer gerade so viel weiteren zugeben, dass der flüssige Zucker nicht verklumpt. Sobald dieser sich bräunlich färbt, mit einem Holzlöffel langsam rühren. Zucker auf 124 °C erhitzen. Den Glukosesirup zugeben und unter Rühren darin auflösen. Die Sahne langsam zugeben und alles auf 114 °C erhitzen.

2 | Flüssigen Karamell mit der Marzipanrohmasse und dem Mandelgrieß in einer Küchenmaschine mit Knethaken mischen, bis eine homogene Masse entstanden ist. Vorsicht, bei zu langem Kneten kann die Masse ausölen.

3 | Die Masse auf einen Bogen Backpapier schütten, mit einem anderen abdecken und zu einer Platte von 1 bis 1,5 Zentimetern Dicke ausrollen. Über Nacht bei Raumtemperatur auskühlen lassen.

4 | Am nächsten Tag die Blätterkrokantplatte in gut 2 x 2 Zentimeter große Stücke schneiden. Vollmilchkuvertüre temperieren und die Stücke damit überziehen.

Achtung! Das Arbeiten mit flüssig geschmolzenem Zucker ist sehr gefährlich!

Eine Kreation von Oliver Coppeneur, CCC Confiserie Coppeneur et Compagnon GmbH, 53604 Bad Honnef, Nordrhein-Westfalen

Espresso-Marzipan-Stücke

Zutaten für 50 Stück

400 g Marzipanrohmasse
80 g Puderzucker
60 g gemahlener Espresso

Außerdem:

10 g Puderzucker
800 g edle Vollmilchkuvertüre
30 g gemahlener Espresso

Zubereitungszeit 1 Stunde
Ruhezeit 1 Stunde
Haltbarkeit 4–5 Wochen

1 | Die Marzipanrohmasse in eine Schüssel geben und den Puderzucker nach und nach einarbeiten. Das Espressopulver in das Marzipan einkneten.

2 | Ein Stück Backpapier zwischen 2 parallel nebeneinander liegenden Holzleisten mit 1,5 Zentimetern Höhe legen und mit etwas Puderzucker bestäuben. Das Espressomarzipan zwischen die Leisten legen und ausrollen. Die Platte zuerst in 1,5 Zentimeter breite Streifen, dann in kleine Rauten schneiden. Die Pralinenrohlinge 1 Stunde ruhen lassen.

3 | Vollmilchkuvertüre in einem Wasserbad auflösen und auf 30 °C abkühlen lassen. Die Marzipanrauten einzeln in die temperierte Kuvertüre tauchen und auf einem Gitter abtropfen lassen. Vor dem Erstarren der Kuvertüre die Pralinen mit etwas gesiebtem Espresso dezent bestreuen. Wer einen stärkeren Kaffeegeschmack wünscht, dekoriert stattdessen mit Espresso- oder Schokoladen-Mokka-Bohnen.

Eine Kreation von Uwe Dengel, Confiserie Dengel, 83543 Rott am Inn, Bayern

Marzipanpraline Oriental

Zutaten für 60 Stück

250 g Marzipanrohmasse
125 g Puderzucker
50 g gemahlene Pistazien
2 g Rosenöl

Außerdem:

500 g Zartbitter- oder Vollmilchkuvertüre
60 ganze Pistazienkerne

Zubereitungszeit 2 Stunden
Ruhezeit 2 1/2 Stunden
Haltbarkeit 2 Monate

1 | Marzipanrohmasse, Puderzucker, gemahlene Pistazien und Rosenöl kurz zu einer formbaren Masse zusammenkneten.

2 | Die Pralinenmasse auf einer mit Backpapier ausgelegten Unterlage auf etwa 1 Zentimeter Dicke ausrollen und in 3 Zentimeter große Rauten schneiden. Die Pralinenrohlinge mindestens 2 Stunden trocknen lassen.

3 | Die ausgewählte Kuvertüre in einem Wasserbad schmelzen und temperieren. Die Rauten mit der Kuvertüre überziehen. Als Dekor auf jede Praline 1 ganze Pistazie setzen. Vor dem Verzehr etwa 30 Minuten kühlen. Bei 14 bis 18 °C lagern.

Eine Kreation von Wolfgang Brand, Chocolateria Kunder GmbH, 65185 Wiesbaden, Hessen

Knusperbissen

Zutaten für 45 Stück

60 g Vollmilchkuvertüre
250 g Nussnougat
150 g Cornflakes

Außerdem:
500 g Vollmilchkuvertüre

Zubereitungszeit 1-2 Stunden
Ruhezeit 8-12 Stunden
Haltbarkeit 2 Monate

1 | Die Kuvertüre fein hacken, den Nougat klein schneiden. Die Kuvertüre in eine Schüssel geben und im Wasserbad schmelzen. Den Nougat nach und nach zugeben und unter Rühren auflösen. Diese Masse darf nicht wärmer als 30 °C werden, deshalb die Schüssel rechtzeitig aus dem Wasserbad nehmen.

2 | Unter die flüssige Masse die Cornflakes mischen. Eine Unterlage mit Backpapier auslegen und die Knuspermasse darauf etwa 1 Zentimeter dick aufstreichen. Die Platte erkalten lassen.

3 | Vollmilchkuvertüre temperieren und die Oberseite der Pralinenplatte dünn damit bestreichen. Die Kuvertüreschicht erstarren lassen. Die Platte wenden und in 2,5 x 2,5 Zentimeter große Stücke schneiden.

4 | Die Kuvertüre erneut temperieren. Die Rohlinge mit Hilfe einer Pralinengabel ganz mit Kuvertüre überziehen, auf einem Abtropfgitter absetzen und mit einem Gabelstrich garnieren.

Eine Kreation von Matthias Meier, Confiserie Peters, 59555 Lippstadt, Nordrhein-Westfalen

Pistazienmarzipan

Zutaten für 100 Stück

900 g Marzipanrohmasse
30 g Pistaziengrieß
15 ml Arrak
15 ml Weinbrand

Außerdem:
1 kg Bitterkuvertüre
50 g Puderzucker
Pistaziengrieß

Zubereitungszeit 1 Stunde
Ruhezeit 15 Minuten
Haltbarkeit 14–21 Tage

1 | Marzipanrohmasse, Pistaziengrieß und Alkohol von Hand auf einem Tisch vermengen; dabei Gummihandschuhe tragen und etwas Puderzucker verwenden, um ein Ankleben an Tisch und Händen zu vermeiden.

2 | Die vermengte Marzipanmasse 1 bis 1,5 Zentimeter dick ausrollen und in 2 x 2 Zentimeter große Stücke schneiden.

3 | Für den Überzug Bitterkuvertüre auf 45 °C erwärmen und auf 29,5 °C temperieren. Die Marzipanrohlinge mit einer Pralinengabel in die temperierte Kuvertüre tauchen und auf Backpapier absetzen. Überzogene Pralinen mit Pistaziengrieß garnieren. Abkühlen lassen und bei 18 bis 20 °C lagern.

Eine Kreation von Alfred Bauer, Confiserie Burg Lauenstein GmbH, 96337 Ludwigsstadt, Bayern

Weichkrokant Jessica

Zutaten für 60 Stück

50 g gehackte Haselnusskerne
125 g Mandelsplitter
100 g Marzipanrohmasse
75 g Sahne
50 g Butter
200 g Puderzucker

Außerdem:

250 g Zartbitter- oder Vollmilchkuvertüre
60 ganze Mandeln

Zubereitungszeit 2 1/2 Stunden
Ruhezeit 3 1/2 Stunden
Haltbarkeit 12 Wochen

1 | Haselnusskerne und Mandelsplitter im Backofen bei 200 °C (Umluft 180 °C, Gas Stufe 3–4) in etwa 25 Minuten hellbraun rösten. Die Marzipanrohmasse mit Sahne und Butter verkneten.

2 | Den Puderzucker bei schwacher Hitze unter Rühren schmelzen lassen, bis er hellbraun ist. Die gerösteten Nüsse untermischen. Die Marzipanmasse unterarbeiten. Die Pralinenmasse auf Backpapier etwa 1 Zentimeter hoch aufstreichen und in 3 Stunden erkalten lassen.

3 | Die Pralinenplatte mit einem geölten Messer in etwa 3 Zentimeter große Stücke schneiden. Die Stücke sofort separieren.

4 | Kuvertüre temperieren. Die Krokantstücke damit überziehen und mit je 1 Mandel dekorieren. Abkühlen lassen und bei 12 bis 18 °C lagern.

Achtung! Das Arbeiten mit flüssig geschmolzenem Zucker ist sehr gefährlich!

Eine Kreation von Wolfgang Brand, Chocolateria Kunder GmbH, 65185 Wiesbaden, Hessen

Mandel-Nougat-Traum

1 | Die Kuvertüre im Wasserbad schmelzen. Die flüssige Kuvertüre, den festen Nougat, Knusper-Crisp und Cornflakes per Hand zu einer spritzfähigen Masse kneten.

2 | Die Masse in einen Spritzbeutel mit einer Lochtülle mit 1,5 Zentimeter Durchmesser füllen und auf Backpapier höchstens jeweils 6 Gramm dressieren. Die Pralinen im Kühlschrank abkühlen lassen.

3 | Vollmilchkuvertüre auf maximal 31 °C temperieren und die Pralinen darin eintauchen bzw. damit überziehen. Weiße Kuvertüre temperieren, in eine Spritztüte aus Papier füllen, die Spitze abschneiden und dünne Fäden auf die Pralinen spritzen. Je 1 Mandel auflegen.

Eine Kreation der Confiserie Dengel, 83543 Rott am Inn, Bayern

Zutaten für 30 Stück

100 g Vollmilchkuvertüre
250 g Nussnougat
15 g Knusper-Crisp (Reis-Crisp)
15 g Cornflakes

Außerdem:

150 g Vollmilchkuvertüre
50 g weiße Kuvertüre
30 ganze geröstete geschälte Mandeln

Zubereitungszeit 2 Stunden
Ruhezeit 30 Minuten
Haltbarkeit 6–8 Wochen

Nougatgedicht

Zutaten für 60 Stück

60 Haselnüsse
15 g Zucker
1 Messerspitze Butter
500 g Nussnougat
75 g Vollmilchkuvertüre

Außerdem:
500 g Vollmilchkuvertüre

Zubereitungszeit 3 Stunden
Ruhezeit keine
Haltbarkeit 8 Wochen

1 | Zum Karamellisieren die Haselnüsse im Backofen bei 200 °C (Umluft 180 °C, Gas Stufe 3–4) hellbraun rösten. Den Zucker in einem kleinen Topf hellbraun karamellisieren. Von der Kochstelle nehmen und die Haselnüsse einrühren. Wenn sie von allen Seiten bedeckt sind, die Butter einrühren und die Nüsse auf Backpapier auseinanderlegen, damit sie nicht zusammengeklebt aushärten.

2 | Nussnougat und Vollmilchkuvertüre in einem Wasserbad auflösen und mittels der Tabliermethode auf 28 °C herunterkühlen. 2 Holzleisten parallel nebeneinander auf eine mit Backpapier ausgelegte Arbeitsplatte legen und die Nougatmasse zwischen den Leisten 1 Zentimeter hoch eingießen. Die Masse erkalten lassen, bis sie schnittfest ist. Das dauert bei Raumtemperatur etwa 30 Minuten.

3 | Den abgekühlten Nougat in 2 x 2 Zentimeter große Stücke schneiden. Vollmilchkuvertüre temperieren und die Rohlinge damit überziehen. Bevor die Kuvertüre fest wird, je 1 karamellisierte Haselnuss auflegen.

Eine Kreation von Walter Imping, Confiserie Imping, 48691 Vreden, Nordrhein-Westfalen

Erdnusstraum

Zutaten für 60 Stück

ca. 60 g Erdnüsse
15 g Zucker
50 g Butter
180 g weiße Kuvertüre
10–15 g Erdnussbutter (nach Geschmack)
1 Prise Salz

Außerdem:
500 g weiße Kuvertüre

Zubereitungszeit 2 Stunden
Ruhezeit keine
Haltbarkeit 8 Wochen

1 | Zum Karamellisieren die Erdnüsse im Backofen bei 200 °C (Umluft 180 °C, Gas Stufe 3–4) rösten. Den Zucker in einem kleinen Topf hellbraun karamellisieren. Von der Kochstelle nehmen und die Erdnüsse einrühren. 1 Messerspitze Butter einrühren. Die Nüsse auf Backpapier auseinanderlegen, damit sie nicht zusammengeklebt aushärten.

2 | Die weiße Kuvertüre in einem Wasserbad schmelzen lassen. Die restliche Butter mit der Erdnussbutter und dem Salz schaumig schlagen und nach und nach die lauwarme Kuvertüre unterschlagen. Die Masse in einen Spritzbeutel mit Sterntülle Nummer 6 füllen und zu kleinen Rosetten auf Backpapier spritzen. Jeweils 1 karamellisierte Erdnuss in die Spitze drücken.

3 | Für den Überzug weiße Kuvertüre temperieren. Die Pralinenrohlinge damit überziehen, auf Backpapier setzen und trocknen lassen.

Eine Kreation von Walter Imping, Confiserie Imping, 48691 Vreden, Nordrhein-Westfalen

Walnussmarzipan

Zutaten für 90 Stück

460 g Marzipanrohmasse
80 g gemahlene Walnüsse
30 ml Rum

Außerdem:
Puderzucker
500 g Vollmilchkuvertüre
90 Walnusshälften

Zubereitungszeit 1 Stunde
Ruhezeit 2 Stunden
Haltbarkeit 60 Tage

1 | Die Marzipanrohmasse mit den Walnüssen und dem Rum zu einer glatten Masse verarbeiten. Auf einer mit Puderzucker bestreuten Arbeitsfläche etwa 1 Zentimeter stark zu einer Platte ausrollen.

2 | Die Vollmilchkuvertüre klein hacken, in einem Wasserbad schmelzen und temperieren. Die Oberfläche der Pralinenplatte dünn mit der Kuvertüre bestreichen und erstarren lassen.

3 | Die Pralinenplatte wenden und in 2,5 x 2,5 Zentimeter große Stücke schneiden. Die Rohlinge mit temperierter Vollmilchkuvertüre überziehen. Bevor die Kuvertüre fest ist, jede Praline mit 1 Walnusshälfte garnieren.

Eine Kreation von Andreas Bellem, Excellent Confiserie Spezialitäten GmbH, 74889 Sinsheim-Dühren, Baden-Württemberg

Amarena-Marzipan-Pralinen

Zutaten für 60 Stück

60 g Butter
100 g Amarenakirschen
350 g Marzipanrohmasse

Außerdem:
400 g Vollmilchkuvertüre

Zubereitungszeit 1–2 Stunden
Ruhezeit 16 Stunden
Haltbarkeit 14–21 Tage

1 | Die Butter erwärmen, bis sie anfängt, leicht bräunlich zu werden. So lange abkühlen lassen, bis sie eine cremige Konsistenz hat. Die Amarenakirschen fein hacken. Marzipanrohmasse, Kirschen und Butter vermengen. Kügelchen von etwa 8 Gramm formen und auf ein mit Backpapier ausgelegtes Tablett setzen. Die Rohlinge über Nacht an einem kühlen Ort trocknen lassen.

2 | Am nächsten Tag Vollmilchkuvertüre temperieren. Jeweils 4 Pralinenrohlinge in eine Hand legen, mit der anderen Hand etwas temperierte Kuvertüre aufnehmen und mit beiden Händen die Rohlinge rollen, bis sie gleichmäßig von Kuvertüre umhüllt sind. Zum Abkühlen zurück auf das Tablett legen. Die Kuvertüre erstarren lassen; das dauert etwa 30 Minuten.

3 | Erneut Kuvertüre temperieren. Die Pralinen mit einer Pralinengabel darin eintauchen, um sie erneut zu umhüllen. Auf einem Gitter absetzen und warten, bis die Kuvertüre anfängt zu erstarren. Mit einer Drehbewegung der Pralinengabel kleine spitze Zacken auf die Pralinen zaubern. Vollständig erkalten lassen. Die Pralinen an einem dunklen Ort bei etwa 15 °C lagern.

Eine Kreation von Matthias Meier, Confiserie Peters, 59555 Lippstadt, Nordrhein-Westfalen

Nougatnüssli

Zutaten für 30 Stück

300 g Nussnougat
50 g edle Vollmilchkuvertüre
40 g gehackte Haselnüsse
30 ganze geschälte Haselnüsse

Außerdem:

500 g edle Vollmilchkuvertüre
100 g Zartbitterkuvertüre

Zubereitungszeit 1 Stunde
Ruhezeit 8 Stunden
Haltbarkeit 4–5 Wochen

1 | Den Nougat klein schneiden. Die Vollmilchkuvertüre klein hacken und in einem Wasserbad auflösen. Die flüssige Kuvertüre über den Nougat geben, die gehackten Nüsse zufügen und alles zu einer weichen Masse kneten. Auf 30 °C abkühlen lassen.

2 | Die Nougatmasse in einen Spritzbeutel mit Lochtülle mit etwa 1 Zentimeter Durchmesser füllen und auf Backpapier pralinengroße Tupfen spritzen. In jeden noch weichen Nougatrohling mittig 1 ganze Haselnuss so eindrücken, dass sie zur Hälfte sichtbar bleibt. 8 Stunden ruhen lassen.

3 | Vollmilchkuvertüre temperieren. Die Nougattupfen einzeln in die Kuvertüre tauchen und auf einem Gitter abtropfen lassen. Zum Garnieren etwas Zartbitterkuvertüre temperieren, in eine Papierspritztüte geben, die Spitze knapp abschneiden und die Pralinen mit Kuvertürefäden garnieren.

Eine Kreation von Uwe Dengel, Confiserie Dengel, 83543 Rott am Inn, Bayern

Marzipan mit gebrannten Mandeln

1 | Für die gebrannten Mandeln 80 Gramm Zucker mit 30 Millilitern Wasser unter Rühren erhitzen. Die Mandeln einrühren – sie nehmen eine weiße Farbe an, der Zucker kristallisiert und schmilzt dann wieder. Den restlichen Zucker einrühren. Die Mandeln zum Abkühlen auf einer mit Backpapier ausgelegten Unterlage verteilen.

2 | Von den gebrannten Mandeln 150 Gramm fein reiben und mit Marzipan, Puderzucker und Orangenlikör zu einer festen Masse kneten. Die Masse zwischen 2 Holzleisten auf Backpapier 1 Zentimeter dick ausrollen und in 2 x 2,5 Zentimeter große rechteckige Stücke schneiden. Über Nacht ruhen lassen.

3 | Zartbitterkuvertüre temperieren und die Marzipanstücke damit überziehen. Noch vor dem Erstarren je 1/2 gebrannte Mandel als Garnierung aufsetzen. Die Pralinen vor dem ersten Verzehr etwa 1 Stunde bei 16 bis 18 °C kühl stellen.

Eine Kreation von Albert Möckl, Lanwehr GmbH, 89257 Illertissen, Bayern

Zutaten für 100 Stück

100 g Zucker
200 g halbierte geschälte Mandeln
1250 g Marzipanrohmasse
330 g Puderzucker
100 ml Orangenlikör (z. B. Grand Marnier)

Außerdem:

600 g Zartbitterkuvertüre

Zubereitungszeit 1 Stunde
Ruhezeit 12 Stunden
Haltbarkeit 90 Tage bei 15 °C ohne Licht

Blätterkrokant

Zutaten für 100 Stück

300 g Nougat

40 g Nussgrieß
(gemahlene Haselnüsse)

50 g Butter

400 g Zucker

Außerdem:

400 g Zartbitterkuvertüre

Zubereitungszeit 1 Stunde
Ruhezeit 6 Stunden
Haltbarkeit 7 Wochen

1 | Den Nougat klein schneiden. Nougat, Nussgrieß und Butter auf einem Backblech im Backofen bei Umluft auf 160 °C erwärmen; die Masse soll nicht ganz flüssig sein. Die Masse auf eine Arbeitsfläche geben.

2 | In einer kleinen Pfanne den Zucker unter Rühren schmelzen; dabei am besten Ofenhandschuhe tragen. Den flüssigen Zucker unter die erwärmte Nougatmasse spachteln, bis das Ganze ein blättriges Aussehen erhält. Achtung! Nicht zu lange spachteln, sonst wird der Krokant zu hart.

3 | Nach dem Spachteln die Masse in 2 x 2 Zentimeter große Stücke schneiden; die Masse wird schnell fest.

4 | Zartbitterkuvertüre in einem Wasserbad schmelzen und temperieren. Die Rohlinge mit einer Pralinengabel in die Kuvertüre tauchen und vollständig damit überziehen. Auf einem Abtropfgitter absetzen und auskühlen lassen.

Achtung! Das Arbeiten mit flüssig geschmolzenem Zucker ist sehr gefährlich!

Eine Kreation von Bernd Bücker, Spetsmann GmbH, 58638 Iserlohn, Nordrhein-Westfalen

Macadamiapralinen

1 | 160 Gramm Macadamianüsse in einer Pfanne goldbraun rösten. Puderzucker, Sahne und Salz in einen Topf geben, aufkochen und 5 Minuten leise kochen lassen. Die Sahne erkalten lassen.

2 | Zartbitterkuvertüre temperieren und auf eine mit Backpapier ausgelegte Platte (30 x 15 Zentimeter) aufstreichen. Kurz vor dem Erstarren mit einem runden Ausstecher von 2,5 Zentimetern Durchmesser kleine Plättchen ausstechen.

3 | Die fest gewordenen Plättchen mit einem Abstand von 3 Zentimetern auf ein mit Backpapier ausgelegtes Blech setzen. Auf jedes Plättchen mit 1 Tröpfchen weicher Kuvertüre 1 Macadamianuss befestigen.

4 | Die erkaltete Sahne mit der Butter und dem Rum schaumig schlagen und in einen Spritzbeutel mit Lochtülle Nr. 8 füllen. Über jede Nuss 1 dicken Tropfen Buttermasse aufdressieren, sodass die Nuss völlig umhüllt ist. Kalt stellen.

5 | Vollmilchkuvertüre temperieren. Die Pralinen hineintauchen und auf Backpapier setzen. Die restlichen Macadamianüsse fein zermahlen und über die Pralinen streuen.

Eine Kreation der Pralinen-Manufactur Josef Große-Bölting e. K., 46414 Rhede, Nordrhein-Westfalen

Zutaten für 35 Stück

180 g ungesalzene Macadamianüsse
250 g Puderzucker
200 g Sahne
1 Prise Salz
100 g Zartbitterkuvertüre
100 g Butter
2 EL Jamaicarum

Außerdem:

600 g Vollmilchkuvertüre

Zubereitungszeit 1 Stunde
Ruhezeit 20 Minuten
Haltbarkeit 10 Tage

Früchte-Weichkrokant

Zutaten für 90 Stück

50 g Sahne
30 g Butter
160 g Puderzucker
20 g Honig
120 g Marzipanrohmasse
180 g geröstete gehobelte Mandeln
40 g Orangeat

Außerdem:

300 g Vollmilchkuvertüre

Zubereitungszeit 90 Minuten
Ruhezeit 1 Stunde
Haltbarkeit 60 Tage

1 | Die Sahne mit der Butter auf etwa 50 °C erwärmen. Den Puderzucker in einem kleinen Topf unter Rühren nach und nach auflösen; er soll hellbraun und nicht zu dunkel werden. Den Honig zugeben und ebenso schmelzen. Sofort die warme Sahne zugeben und verrühren. Achtung: Der Zucker wirft Blasen!

2 | Marzipanrohmasse zugeben und bei schwacher Hitze glattarbeiten. Den Topf von der Kochstelle nehmen und die Mandeln und das Orangeat unterarbeiten. Die Masse sofort auf ein Backpapier geben, etwa 1 Zentimeter dick ausrollen und auskühlen lassen.

3 | Vollmilchkuvertüre temperieren. Die Oberfläche der Platte damit abstreichen und erstarren lassen. Die Platte wenden und in etwa 2,5 x 2,5 Zentimeter kleine Stücke schneiden. Die Pralinen in die temperierte Kuvertüre tauchen und an den Seiten überziehen. Die Oberfläche bleibt frei, damit der Krokant sichtbar ist.

Eine Kreation von Andreas Bellem, Excellent Confiserie Spezialitäten GmbH, 74889 Sinsheim-Dühren, Baden-Württemberg

Nougatpralinen

Zutaten für 90 Stück

500 g Nussnougat
50 g Vollmilchkuvertüre
100 g Krokantstreusel

Außerdem:
Kuvertüre nach Bedarf

Zubereitungszeit 30 Minuten
Ruhezeit 4–5 Stunden
Haltbarkeit ca. 4 Wochen

1 | Den Nougat in kleine Stücke schneiden. Die Vollmilchkuvertüre fein hacken und in einem Wasserbad unter Rühren schmelzen. Sie soll bei der Weiterverarbeitung etwa 36 °C warm sein.

2 | Unter die warme Kuvertüre den Nougat rühren, bis er aufgelöst ist; hierbei darf die Temperatur 29 °C nicht überschreiten. Die Krokantstreusel unter die aufgelöste Nougatmasse rühren.

3 | 2 Holzleisten parallel nebeneinander auf eine mit Backpapier ausgelegte Arbeitsplatte legen. Die Nougatmasse zwischen die Leisten 1 Zentimeter hoch eingießen. Die Masse erkalten lassen, bis sie schnittfest ist. Das dauert 4 bis 5 Stunden bei 15 bis 18 °C.

4 | Die Masse mit einem scharfen Messer oder einer Rollharfe in mundgerechte Rechtecke schneiden. Nach Geschmack mit temperierter Kuvertüre dekorieren.

Eine Kreation von Café Peters, 59555 Lippstadt, Nordrhein-Westfalen

Walnuss-Marzipan-Pralinen

1 | Die Walnüsse grob zerkleinern. Den Rohzucker in einer Pfanne goldbraun schmelzen und die Walnüsse untermischen. Auf Backpapier flach verteilen und auskühlen lassen.

2 | Die karamellisierten Nüsse in einer Mandelmühle reiben. Mit Marzipanrohmasse und Honig verkneten – nur kurz, sonst tritt Mandelöl aus und die Masse ist nicht mehr einheitlich.

3 | Die Masse zwischen Frischhaltefolie auf etwa 1 Zentimeter Höhe ausrollen. Kleine Pralinen ausstechen – die Metallformen dabei in Alkohol eintauchen – oder schneiden. 8 bis 10 Stunden antrocknen lassen, damit sich jeweils ein Häutchen darauf bilden kann.

4 | Vollmilchkuvertüre temperieren und die Pralinen damit überziehen. Je 1 ausgesuchte Walnusshälfte als Dekor auf den noch weichen Überzug auflegen.

Eine Kreation der CCC Confiserie Coppeneur et Compagnon GmbH, 53604 Bad Honnef, Nordrhein-Westfalen

Zutaten für 45–50 Stück

100 g Perigord-Walnüsse
20 g Rohzucker
400 g Marzipanrohmasse
25 g Akazienhonig

Außerdem:

750 g Vollmilchkuvertüre
45 - 50 Walnusshälften

Zubereitungszeit 2–3 Stunden
Ruhezeit 8-10 Stunden
Haltbarkeit 14-21 Tage

Honig-Weichkrokant

Zutaten für 60 Stück

275 g Puderzucker oder Zucker
50 g Sahne
50 g Honig
325 g fein geriebene Mandeln
325 g Marzipanrohmasse

Außerdem:

750 g Vollmilchkuvertüre
250 g dunkle Kuvertüre

Zubereitungszeit 2–3 Stunden
Ruhezeit 8-10 Stunden
Haltbarkeit 14–21 Tage

1 | Zucker in kleinen Mengen (sonst besteht die Gefahr von Klumpenbildung) nach und nach goldbraun schmelzen. Von der Kochstelle nehmen und mit Sahne ablöschen. Honig unterrühren.

2 | Die Zuckermasse mit den Mandeln mischen und mit der Marzipanrohmasse verkneten. Nur leicht auskühlen lassen, denn Weichkrokant soll man nicht zu kalt verarbeiten.

3 | Die leicht abgekühlte Masse zwischen Frischhaltefolie auf etwa 1 Zentimeter Stärke ausrollen. Mit Metallbackförmchen Pralinen ausstechen (oder schneiden). 8 bis 10 Stunden ruhen lassen.

4 | Die Kuvertüren getrennt voneinander temperieren. Die Pralinen nur zur Hälfte mit Vollmilchkuvertüre überziehen. Zum Dekorieren temperierte dunkle Kuvertüre in eine Spritztüte aus Backpapier füllen, die Spitze abschneiden und mit schwingenden Bewegungen feine Streifen über die Pralinen laufen lassen.

Eine Kreation der CCC Confiserie Coppeneur et Compagnon GmbH, 53604 Bad Honnef, Nordrhein-Westfalen

Butterkrokantblättchen

1 | In einem Kupferkessel 100 Gramm Zucker unter ständigem Rühren hell schmelzen. Nach und nach jeweils weitere 100 Gramm in den geschmolzenen Zucker einrühren und wieder schmelzen. Sobald er karamellfarben ist, die Butter zugeben und den Kessel von der Kochstelle nehmen. Die gehobelten Mandeln unterrühren.

2 | Eine Marmorplatte mit Puderzucker bestäuben und die heiße Masse daraufgeben. Achtung, der karamellisierte Zucker ist sehr heiß! Den Krokant auf der Marmorplatte relativ dick mit Puderzucker bestreuen (bei zu wenig Puderzucker bleibt er am Rollholz haften) und etwa 3 Millimeter dünn ausrollen. Die Platte sofort in Rechtecke schneiden.

3 | Die Krokantblättchen auf Zimmertemperatur abkühlen lassen. Vollmilchkuvertüre temperieren und die Krokantblättchen damit überziehen.

Eine Kreation von Albert Möckl, Lanwehr GmbH, 89257 Illertissen, Bayern

Zutaten für 150 Stück

500 g feine Zuckerraffinade
125 g Butter
200 g gehobelte Mandeln

Außerdem:

Puderzucker
600 g Vollmilchkuvertüre

Zubereitungszeit 1 Stunde
Ruhezeit keine
Haltbarkeit 90 Tage bei trockener Luft

Pistazien-Marzipan-Pralinen

Zutaten für 90 Stück

460 g Marzipanrohmasse
80 g gemahlene Pistazien
30 ml Kirschwasser
Puderzucker

Außerdem:
250 g Zartbitterkuvertüre
50 g Pistazienkerne

Zubereitungszeit 1 Stunde
Ruhezeit 2 Stunden
Haltbarkeit 60 Tage

1 | Die Marzipanrohmasse mit den gemahlenen Pistazien und dem Kirschwasser zu einer glatten Masse verarbeiten. Mit einem Rollholz auf einer mit Puderzucker bestreuten Arbeitsfläche etwa 1 Zentimeter stark zu einer Platte ausrollen.

2 | Die Zartbitterkuvertüre klein hacken, im Wasserbad schmelzen und temperieren. Die Oberfläche der Pralinenplatte dünn mit der Kuvertüre abstreichen und erstarren lassen.

3 | Die Pralinenplatte wenden und mit einem runden Ausstecher von etwa 2,5 Zentimetern Durchmesser Pralinen ausstechen. Die Rohlinge mit temperierter Zartbitterkuvertüre überziehen. Bevor die Kuvertüre fest ist, mit den Pistazienkernen garnieren.

Eine Kreation von Andreas Bellem, Excellent Confiserie Spezialitäten GmbH, 74889 Sinsheim-Dühren, Baden-Württemberg

Nougat-Krokant-Traum

Zutaten für 25 Stück

50 g Zucker
50 g gehackte Mandeln
1 Prise Meersalz
50 g Vollmilchkuvertüre
250 g dunkler Nougat

Außerdem:

25 Aluminiumkapseln
30 g Schokostreusel

Zubereitungszeit 90 Minuten
Ruhezeit 2 Stunden
Haltbarkeit 3 Monate

1 | Den Zucker hellbraun karamellisieren, die Mandeln dazugeben und gut unterrühren. Das Meersalz zugeben. Die Mandelmasse auf Backpapier streichen und in 2 Stunden erkalten lassen.

2 | Die kalte Krokantmasse mit einem scharfen Messer klein hacken und in die Aluminiumkapseln streuen.

3 | Vollmilchkuvertüre schmelzen. In einem zweiten Topf den Nougat lauwarm schmelzen und die Kuvertüre unterrühren. Die Pralinenmasse in einen Spritzbeutel geben und die Aluminiumkapseln füllen. Jede Praline mit Schokostreusel verzieren und im Kühlschrank aushärten lassen.

4 | Die Pralinen bei 14 bis 18 °C lagern. Vor dem Verzehr die Aluminiumkapseln entfernen.

Achtung! Das Arbeiten mit flüssig geschmolzenem Zucker ist sehr gefährlich!

Eine Kreation von Wolfgang Brand, Chocolateria Kunder GmbH, 65185 Wiesbaden, Hessen

Vanillemarzipan mit Himbeer-Ganache

Zutaten für 100 Stück

220 g Vollmilchkuvertüre
160 g Zartbitterkuvertüre
75 g Butter
150 g Sahne
30 ml Himbeergeist (40 Vol.-%)
1 Vanilleschote
500 g Marzipanrohmasse
Puderzucker

Außerdem:
1 kg Vollmilchkuvertüre

Zubereitungszeit 80 Minuten
Ruhezeit ca. 2 Stunden
Haltbarkeit 30 Tage

1 | Für die Ganache beide Kuvertüren raspeln, die Butter klein schneiden. Die Sahne aufkochen. Kuvertüre und Butter zufügen und mit einem Schneebesen langsam, nicht schaumig umrühren. Unter die glatte Masse nach und nach den Himbeergeist einrühren. Die Masse in eine Schüssel geben und in den Kühlschrank stellen.

2 | Die Vanilleschote längs aufschneiden, das Mark herauskratzen und unter die Marzipanrohmasse wirken. Die Masse auf einer mit etwas Puderzucker ausgestreuten Arbeitsfläche in Quadratform etwa 1 Zentimeter dick ausrollen.

3 | Die kalte Ganache leicht durchrühren und auf die Marzipanmasse auftragen. Im Kühlschrank schnittfest werden lassen. In 2 x 2 Zentimeter große Quadrate schneiden und auseinanderlegen.

4 | Vollmilchkuvertüre temperieren und die Pralinenkörper damit überziehen.

Eine Kreation von Walter Imping, Confiserie Imping, 48691 Vreden, Nordrhein-Westfalen

Campari-Orange-Geleepralinen

1 | Für das Gelee Orangensaft, Zucker und Agar-Agar unter ständigem Rühren auf 105 °C erhitzen. Leicht abkühlen lassen. Die Gelatine in Wasser einweichen und quellen lassen. Die aufgequollene Gelatine ausdrücken und in den Saft rühren. Den Sud in einen 30 x 40 Zentimeter großen Rahmen gießen und abkühlen lassen.

2 | Marzipanrohmasse, Puderzucker und Campari zu einer Masse kneten. Die Marzipanmasse ausrollen und auf die erstarrte Geleemasse im Rahmen geben. Über Nacht kühl stellen. Am nächsten Tag die Platte in 2,5 x 1,5 Zentimeter große Stücke schneiden.

3 | Zartbitterkuvertüre temperieren und die Stücke damit überziehen. Orangenkuvertüre temperieren und die Pralinen damit filieren, d. h., eine Spritztüte aus Backpapier drehen, mit Orangenkuvertüre füllen, die Spitze so abschneiden, dass ein kleines Loch entsteht, und mit schwingenden Bewegungen feine Streifen über die Pralinen laufen lassen.

Eine Kreation von Albert Möckl, Lanwehr GmbH, 89257 Illertissen, Bayern

Zutaten für 128 Stück

510 ml Orangensaft
875 g Zucker
15 g Agar-Agar (Reformhaus)
1/2 Blatt Gelatine
750 g Marzipanrohmasse
300 g Puderzucker
50 ml Campari

Außerdem:

800 g Zartbitterkuvertüre
50 g Orangenkuvertüre (Fachhandel)

Zubereitungszeit 1 Stunde
Ruhezeit 10-12 Stunden
Haltbarkeit 90 Tage

Winzerzauber

Zutaten für 100 Stück

300 ml Rotwein
100 g Zucker
550 g Bitterkuvertüre (60 % Kakao)
125 g Butter
1 g Nelkenpulver

Außerdem:

100 Zartbitterhohlkugeln
400 g Zartbitterkuvertüre (50 % Kakao)
750 g Vollmilchkuvertüre (32 % Kakao)

Zubereitungszeit 2 Stunden
Ruhezeit 12 Stunden
Haltbarkeit 14 Tage

1 | Rotwein und Zucker aufkochen lassen. Die Bitterkuvertüre in Stücke hacken. Die Kuvertüre und die Butter unter ständigem Rühren in die Wein-Zucker-Lösung geben. Zum Schluss das Nelkenpulver unterrühren. Die Masse auf 28 °C erkalten lassen.

2 | Die Creme in einen Spritzbeutel mit Lochtülle geben und in die Zartbitterkuvertüre-Hohlkugeln füllen. Pralinenrohlinge über Nacht kühl stellen.

3 | Zartbitterkuvertüre temperieren, in einen Spritzbeutel mit kleiner Lochtülle füllen und die Hohlkugeln mit je 1 Tupfer verschließen. Bis zum Erstarren abkühlen lassen.

4 | Vollmilchkuvertüre temperieren. Die Pralinen mit einer Pralinengabel in die temperierte Kuvertüre tauchen, leicht abklopfen und so auf einem Pralinengitter rollen, dass eine Igeloptik entsteht.

Eine Kreation von Josef Große-Bölting, Pralinen-Manufactur Josef Große-Bölting e. K., 46414 Rhede, Nordrhein-Westfalen

Schnittpraline Provence

Für 100 Stück

375 ml trockener Rotwein

1 Zweig Rosmarin

4 g getrocknete Lavendelblüten

450 g Edelbitterkuvertüre (60 % Kakao)

100 g Lavendelhonig

Außerdem:

450 g Bitterkuvertüre (mind. 60 % Kakao)

getrocknete Lavendelblüten

Zubereitungszeit 1 Stunde
Ruhezeit 24 Stunden
Haltbarkeit 20 Tage

1 | Rotwein und Rosmarin in einen Topf geben, zudecken und langsam auf 60 °C erwärmen. Den Sud 15 Minuten ziehen lassen. Die Lavendelblüten in ein Teesieb geben und mit dem gewürzten Rotwein übergießen.

2 | Die Kuvertüre fein hacken und in eine Schüssel geben. Den Wein durch ein Sieb zur Kuvertüre gießen. Den Honig zugeben und alles vorsichtig zu einer glatten, sämigen Masse verrühren.

3 | Ein Blech mit Backpapier auslegen und einen 1 Zentimeter hohen, 13 x 13 Zentimeter großen Metallrahmen auflegen. Die Füllung in den Rahmen gießen und über Nacht bei 15 °C auskühlen lassen.

4 | Am nächsten Tag den Rahmen entfernen, die Pralinenplatte auf Backpapier stürzen und in 2 x 2,5 Zentimeter große Stücke schneiden.

5 | Bitterkuvertüre temperieren und die Pralinenkörper damit überziehen. Nach Wunsch mit getrockneten Lavendelblüten garnieren.

Eine Kreation von Jörg Kraume, Café Kraume, 33615 Bielefeld, Ostwestfalen

Himbeer-Sahne-Zauber

Zutaten für 100 Stück

300 g edle weiße Kuvertüre
300 g Sahne (mind. 33 % Fett)
20 g Butter
100 ml Himbeerlikör

Außerdem:

100 weiße Hohlkugeln
200 g edle weiße Kuvertüre
100 g feiner Zucker

Zubereitungszeit 1 Stunde
Ruhezeit 8 Stunden
Haltbarkeit 4–5 Wochen

1 | Die weiße Kuvertüre fein raspeln und in eine Schüssel geben. Die Sahne kurz aufkochen lassen, dazugießen und beides gut vermischen. Die cremige Masse etwas abkühlen lassen und erst dann die Butter unterrühren. Sobald die Masse auf 30 °C abgekühlt ist, den Himbeerlikör einrühren.

2 | Die Masse in einen Spritzbeutel mit Lochtülle geben und in die Hohlkugeln füllen. Die gefüllten Kugeln etwa 8 Stunden ruhen lassen.

3 | Die weiße Kuvertüre in einem Wasserbad schmelzen und auf 29 °C abkühlen lassen. Eine kleine Menge in eine Papierspritztüte geben, die Spitze knapp abschneiden und die Hohlkugeln mit je 1 Tupfer verschließen. Nach dem Erstarren die Trüffelkugeln in die erneut temperierte Kuvertüre tauchen und in Zucker rollen.

Eine Kreation von Uwe Dengel, Confiserie Dengel, 83543 Rott am Inn, Bayern

Marc-de-Ruländer-Trüffel

Zutaten für 100 Stück

450 g Vollmilchkuvertüre
250 g Sahne
20 g Butter
100 ml Marc de Ruländer (oder Grappa)

Außerdem:

100 Vollmilchhohlkugeln
500 g Vollmilchkuvertüre

Zubereitungszeit 75 Minuten
Ruhezeit 24 Stunden
Haltbarkeit 60 Tage

1 | Die Vollmilchkuvertüre klein hacken. Die Sahne mit der Butter aufkochen. Den Topf von der Kochstelle nehmen, die Kuvertüre zugeben und unter die Sahne rühren, bis sie geschmolzen ist. Den Wein unterrühren und die Masse abkühlen lassen.

2 | Die abgekühlte Masse in einen Spritzbeutel mit kleiner Lochtülle geben und die Hohlkugeln damit füllen. Dabei darauf achten, dass die Füllung nur bis knapp unter den Rand reicht. 24 Stunden ruhen lassen.

3 | Kuvertüre temperieren, in einen Spritzbeutel füllen und auf jede Hohlkugel 1 Tupfer setzen, um sie zu verschließen. Erstarren lassen.

4 | Erneut Kuvertüre temperieren und die Pralinenkugeln damit überziehen. Vor dem Erstarren über ein Kuchengitter rollen, damit die charakteristische Trüffelform entsteht.

Eine Kreation von Andreas Bellem, Excellent Confiserie Spezialitäten GmbH, 74889 Sinsheim-Dühren, Baden-Württemberg

Weiße Proseccotrüffel

Zutaten für 70 Stück

600 g weiße Kuvertüre
80 g Butter
55 g Sahne
20 g Glukose 43 °Brix
180 ml Prosecco, Raumtemperatur
50 ml sehr weicher Grappa (z.B. Grappa di Barolo)
20 ml Limettensaft

Außerdem:

70 weiße oder zartbittere Hohlkörper
250 g weiße Kuvertüre
Puderzucker

Zubereitungszeit 1 Stunde
Ruhezeit 24 Stunden
Haltbarkeit 3 Wochen

1 | Die Kuvertüre auf einem Wasserbad schmelzen, sie soll 30 °C warm sein. Die Butter in der Mikrowelle bei geringer Wattzahl pomadig auflösen.

2 | Die Sahne mit der Glukose auf etwa 80 °C erhitzen. Von der Kochstelle nehmen und auf die Kuvertüre geben. Die Butter zufügen und alles vermengen. Den Prosecco eingießen, Grappa und Limettensaft zufügen. Schnell alles zu einer glatten, homogenen Masse vermengen; der Prosecco soll nicht vollständig ausperlen, damit ein Teil der Kohlensäure in den Pralinen zurückbleibt.

3 | Die kühle Masse in einen Spritzbeutel mit Lochtülle geben und in die Hohlkugeln füllen. Die Rohlinge über Nacht bei 15 bis 18 °C erstarren lassen.

4 | Am nächsten Tag weiße Kuvertüre temperieren und mit je 1 Tupfer die Kugeln verschließen. Die Rohlinge in temperierte Kuvertüre tauchen und in Puderzucker wälzen.

Eine Kreation von Jörg Kraume, Café Kraume, 33615 Bielefeld, Ostwestfalen

Auxerrois-Trüffel

Zutaten für 100 Stück

1 Vanilleschote
400 g Vollmilchkuvertüre
250 g Sahne
20 g Butter
100 ml Auxerrois (oder Riesling)

Außerdem:

100 Vollmilchhohlkugeln
400 g Vollmilchkuvertüre
400 g Puderzucker

Zubereitungszeit 75 Minuten
Ruhezeit 24 Stunden
Haltbarkeit 60 Tage

1 | Die Vanilleschote längs aufschneiden und das Mark herauskratzen. Die Kuvertüre klein hacken. Die Sahne mit der Butter und dem Vanillemark aufkochen. Zur Seite nehmen und die Kuvertüre unter die Sahne rühren, bis sie geschmolzen ist. Auxerrois unterrühren und die Masse abkühlen lassen.

2 | Die abgekühlte Masse in einen Spritzbeutel mit kleiner Lochtülle geben und die Hohlkugeln damit füllen. Dabei darauf achten, dass die Füllung nur bis knapp unter den Rand reicht. Die gefüllten Hohlkugeln etwa 24 Stunden ruhen lassen.

3 | Vollmilchkuvertüre temperieren, in einen Spritzbeutel füllen und auf jede Hohlkugel 1 Tupfer setzen, um sie zu verschließen. Die Kuvertüre erstarren lassen.

4 | Erneut Kuvertüre temperieren und die Pralinenkugeln darin rollen, danach sofort in Puderzucker wälzen und die Kuvertüre erstarren lassen.

Eine Kreation von Andreas Bellem, Excellent Confiserie Spezialitäten GmbH, 74889 Sinsheim-Dühren, Baden-Württemberg

Cremiger Marillentraum

1 | Die Marillenkonfitüre mit 20 Millilitern Marillenlikör mischen und mit einem Stabmixer pürieren. Das Püree in einen Spritzbeutel mit Lochtülle geben und die Hohlkugeln zu einem Drittel damit füllen.

2 | Die Vollmilchkuvertüre raspeln und in eine Schüssel geben. Die Sahne kurz aufkochen, dazugießen und vermischen. Die Masse etwas abkühlen lassen und dann die Butter unterrühren. Erst wenn die Masse auf 30 °C abgekühlt ist, die restlichen 50 Milliliter Marillenlikör dazugeben. Die Trüffelmasse in einen Spritzbeutel mit Lochtülle geben und die Hohlkörper damit auffüllen. Die Pralinenrohlinge 8 Stunden ruhen lassen.

3 | Vollmilchkuvertüre auf 30 °C temperieren. Die Krokant- und Zartbitterstreusel miteinander mischen. Die gefüllten Pralinen einzeln in die Kuvertüre tauchen und auf einem Gitter abtropfen lassen. Vor dem Erstarren der Kuvertüre die Pralinen mit der Streuselmischung bestreuen.

Eine Kreation von Uwe Dengel, Confiserie Dengel, 83543 Rott am Inn, Bayern

Zutaten für 100 Stück

150 g Marillenkonfitüre
70 ml Marillenlikör
200 g edle Vollmilchkuvertüre
200 g Sahne (mind. 33 % Fett)
10 g Butter

Außerdem:

100 Vollmilchhohlkugeln
1 kg edle Vollmilchkuvertüre
50 g Haselnusskrokantstreusel
50 g Zartbitterkuvertürestreusel

Zubereitungszeit 2 Stunden
Ruhezeit 8 Stunden
Haltbarkeit 4–5 Wochen

Erdbeer-Vanille-Duett

1 | Die weiße Kuvertüre raspeln, die Menge ganz genau halbieren und in 2 Schüsseln geben. Die Sahne kurz aufkochen lassen, dann je 150 Gramm zu den Kuvertürenraspeln dazugießen und gut vermischen. Beide Massen etwas abkühlen lassen.

2 | Unter jede abgekühlte Masse jeweils 10 Gramm Butter rühren. Sobald beide auf 30 °C abgekühlt sind, den Erdbeerlimes in die erste Masse einrühren. Die Masse in einen Spritzbeutel mit Lochtülle geben und die weißen Hohlkörper damit zur Hälfte füllen.

3 | In die zweite cremige Masse den Vanillelikör geben. Das Vanillemark aus der Schote herauskratzen und einrühren. Diese Trüffelmasse ebenfalls in einen Spritzbeutel geben und die obere Hälfte der Pralinenhülsen bis zum Rand füllen. Die Duett-Pralinenrohlinge etwa 8 Stunden ruhen lassen.

4 | Für den Überzug die weiße Kuvertüre in einem Wasserbad schmelzen und auf 29 °C abkühlen lassen. Die Pralinen einzeln in die Kuvertüre tauchen und auf einem Gitter abtropfen lassen. Vor dem Erstarren der Kuvertüre die Pralinen mit Vanillezucker besieben.

Eine Kreation von Uwe Dengel, Confiserie Dengel, 83543 Rott am Inn, Bayern

Zutaten für 100 Stück

300 g edle weiße Kuvertüre
300 g Sahne (mind. 33 % Fett)
20 g Butter
50 ml Erdbeerlimes (15 Vol.-%)
50 ml Vanillelikör (40 Vol.-%)
1 Vanilleschote

Außerdem:

100 weiße Kuvertürehülsen in Herzform
1 kg edle weiße Kuvertüre
15 g Vanillezucker

Zubereitungszeit 2 Stunden
Ruhezeit 8 Stunden
Haltbarkeit 4–5 Wochen

Campari-Orange-Trüffel

Zutaten für 100 Stück

Füllung 1:
120 g Zucker
120 g Butter
100 ml Orangensaft

Füllung 2:
40 g Vollmilchkuvertüre
80 g Zartbitterkuvertüre
100 g Sahne
25 g Butter
60 ml Campari

Außerdem:
100 Vollmilchhohlkugeln
400 g Vollmilchkuvertüre
200 g weiße Kuvertüre

Zubereitungszeit 2 Stunden
Ruhezeit 1 Tag
Haltbarkeit 5 Wochen

1 | Für den Orangenkaramell den Zucker bei mittlerer Hitze schmelzen. Erst die Butter, dann den Orangensaft einrühren und alles einmal aufkochen lassen. Die Masse auf 30 °C abkühlen lassen.

2 | Die Orangenkaramellmasse in einen Spritzbeutel mit Lochtülle geben und die Vollmilchkugeln damit zu einem Drittel füllen. Die Rohlinge etwa 6 Stunden ruhen lassen.

3 | Für die zweite Füllung beide Kuvertüren fein hacken. Die Sahne aufkochen. Von der Kochstelle nehmen, die Butter und beide Kuvertüren unterrühren. Zum Schluss den Campari einrühren. Die Masse auf 30 °C abkühlen lassen.

4 | Die Ganache in einen Spritzbeutel mit Lochtülle geben und die Hohlkugeln damit komplett befüllen. Über Nacht ruhen lassen.

5 | Vollmilchkuvertüre temperieren und die Rohlinge mit je 1 Tupfer verschließen. Die Kugeln mit der Kuvertüre überziehen. Weiße Kuvertüre temperieren und die Pralinen damit garnieren.

Achtung! **Das Arbeiten mit flüssig geschmolzenem Zucker ist sehr gefährlich!**

Eine Kreation von Bernd Bücker, Spetsmann GmbH, 58638 Iserlohn, Nordrhein-Westfalen

Rumtöpfchen

1 | Die Vanilleschote längs aufschneiden und das Mark herauskratzen. Beide Kuvertüresorten fein hacken und in eine Schüssel geben. Sahne, Glukosesirup und Vanilleschote aufkochen. Die heiße Sahne über die Kuvertüre gießen, das Vanillemark zufügen und alles vermengen. Die Masse auf etwa 30 °C abkühlen lassen. Die Vanilleschote entfernen und den Rum einrühren.

2 | In jede Hohlschale 2 in Rum eingelegte Rosinen legen. Die Rummasse in eine Spritztüte geben und in die Töpfchen füllen. Die Pralinenrohlinge bei etwa 18 °C 8 bis 10 Stunden ruhen lassen.

3 | Für den Überzug Vollmilchkuvertüre temperieren. Die Pralinen darin eintauchen, überziehen und auf einem Gitter abtropfen lassen. Solange die Kuvertüre noch flüssig ist, jede Praline mittig mit 1 Rosine dekorieren. Bevor sie vollkommen erstarren, die Pralinen auf ein mit Backpapier ausgelegtes Backblech setzen. Bei etwa 17 °C ganz abkühlen lassen. Am besten die Pralinen an einem dunklen Ort bei etwa 15 °C und relativer Luftfeuchtigkeit von etwa 60 % lagern.

Eine Kreation von Matthias Meier, Confiserie Peters, 59555 Lippstadt, Nordrhein-Westfalen

Zutaten für 80 Stück

1 Vanilleschote
125 g weiße Kuvertüre
125 g Vollmilchkuvertüre
150 g Sahne
30 g Glukosesirup
30 ml Rum (54 Vol.-%)
160 in Rum eingelegte Rosinen

Außerdem:

80 Vollmilchhohlschalen in Töpfchenform
600 g Vollmilchkuvertüre
80 Rosinen

Zubereitungszeit 2–3 Stunden
Ruhezeit 8-10 Stunden
Haltbarkeit 6–8 Wochen

Rumpralinen

Zutaten für 120 Stück

500 g dunkle Kuvertüre (65 % Kakao)

300 g Sahne

130 g Butter

80 ml Rum (54 Vol.-%)

Außerdem:

500 g dunkle Kuvertüre (50-60 % Kakao)

Zubereitungszeit 50 Minuten
Ruhezeit 48 Stunden
Haltbarkeit 4 Wochen

1 | Die Kuvertüre fein hacken und in eine Schüssel geben. Die Sahne aufkochen, über die Kuvertüre gießen und unter Rühren gleichmäßig einarbeiten, bis eine elastische, glänzende Masse entstanden ist. Die Masse auf 35 bis 40 °C abkühlen lassen.

2 | Die Butter in Würfel schneiden und zusammen mit dem Rum unter die Masse rühren. Die Ganache auf ein Blech geben und in 1 bis 2 Stunden etwas auskristallisieren lassen.

3 | Eine Unterlage mit Backpapier auslegen. Die abgekühlte Ganache in einen Spritzbeutel mit 8er-Lochtülle geben und auf das Backpapier als kleine Tupfer dressieren. Die Rohlinge 48 Stunden bei 15 °C ruhen lassen.

4 | Für den Überzug dunkle Kuvertüre temperieren. Die Pralinen damit überziehen, auf einem Gitter abtropfen lassen und mit einer Gabel ein dekoratives Muster darauf gestalten.

Eine Kreation von Johannes Storath, Confiserie Storath GmbH Pralinenmanufactur, 96110 Schesslitz/Stuebig, Bayern

Berkeltropfen

Zutaten für 60 Stück

120 g Zartbitterkuvertüre
200 g Vollmilchkuvertüre
120 g Sahne
50 g Butter
70 ml Anisschnaps (z.B. Anisette)

Außerdem:

500 g Vollmilchkuvertüre
gemahlener Anis

Zubereitungszeit 110 Minuten
Ruhezeit 30 Minuten
Haltbarkeit 8 Wochen

1 | Beide Kuvertüren fein hacken. Die Sahne aufkochen und die Kuvertüren darin auflösen. Die Masse auf ein Backblech streichen und auskühlen lassen. Die Ganache in eine Schüssel geben, mit der Butter aufschlagen und den Anisschnaps einrühren.

2 | Die Ganache in einen Spritzbeutel mit großer Lochtülle geben und zipfelartig auf ein Backpapier aufspritzen. Die Rohlinge etwa 30 Minuten in den Kühlschrank stellen.

3 | Vollmilchkuvertüre in einem Wasserbad schmelzen und temperieren. Die Tropfen mit Hilfe einer Pralinengabel damit überziehen, auf einem Abtropfgitter absetzen und mit etwas Anispulver bestäuben.

Eine Kreation von Walter Imping, Confiserie Imping, 48691 Vreden, Nordrhein-Westfalen

Butterschäumchen

1 | Den Nougat klein schneiden und in einem Wasserbad auf 28 °C erwärmen. Zusammen mit der geschmeidigen Butter und dem Puderzucker mit einem Handrührgerät aufschlagen. Gegen Ende den eisgekühlten Orangenlikör langsam einlaufen lassen.

2 | Vollmilchkuvertüre temperieren. Eine dünne Platte aufstreichen und vor ihrem endgültigen Erkalten 96 runde Blättchen mit etwa 2,5 Zentimetern Durchmesser ausstechen. Die Buttermasse aufschlagen und auf die Kuvertüreblättchen dressieren. Die Rohlinge im Kühlschrank 3 Stunden erkalten lassen.

3 | Die Kuvertüre für den Überzug temperieren. Die Butterhäufchen eintauchen, absetzen und sofort mit Rohrohrzucker überstreuen.

Eine Kreation von Albert Möckl, Lanwehr GmbH, 89257 Illertissen, Bayern

Zutaten für 96 Stück

125 g Nussnougat
125 g Butter
22 g Puderzucker
16 ml eisgekühlter Orangenlikör (60 Vol.-%, z.B. Cointreau)

Außerdem:

1 kg Vollmilchkuvertüre
50 g Rohrohrzucker

Zubereitungszeit 1 Stunde
Ruhezeit 3 Stunden
Haltbarkeit 20 Tage

Mandel küsst Zwetschge

Zutaten für 100 Stück

25 getrocknete Zwetschgen
300 g edle Vollmilchkuvertüre
300 g Sahne (mind. 33 % Fett)
20 g Butter
100 ml Zwetschgenlikör (40 Vol.-%)

Außerdem:

100 Zartbitterhohlkugeln
1 kg Zartbitterkuvertüre
100 ganze geschälte Mandeln

Zubereitungszeit 90 Minuten
Ruhezeit 8 Stunden
Haltbarkeit 4–5 Wochen

1 | Die getrockneten Zwetschgen vierteln und in jede Hohlkugel 1/4 Zwetschge geben.

2 | Die Vollmilchkuvertüre fein raspeln und in eine Schüssel geben. Die Sahne kurz aufkochen, über die Kuvertüre gießen und verrühren. Etwas abkühlen lassen. Die Butter einrühren. Sobald die Masse 30 °C erreicht hat, den Zwetschgenlikör unterrühren.

3 | Die Masse in einen Spritzbeutel mit Lochtülle geben und in die Hohlkugeln auf die zuvor eingelegten Zwetschgenstückchen füllen. Die Rohlinge 8 Stunden ruhen lassen.

4 | Zartbitterkuvertüre in einem Wasserbad zum Schmelzen bringen und auf 30 °C abkühlen lassen. Die Pralinenrohlinge einzeln in die temperierte Kuvertüre tauchen und auf einem Gitter abtropfen lassen. Vor dem Erstarren der Kuvertüre auf jede Praline 1 ganze Mandel als Dekor auflegen.

Eine Kreation von Uwe Dengel, Confiserie Dengel, 83543 Rott am Inn, Bayern

Wacholderbeerpralinen

Zutaten für 120 Stück

600 g Vollmilchkuvertüre (38 % Kakao)

250 g Sahne

120 g Butter

20 g in Alkohol eingelegte Wacholderbeeren

80 ml Wacholderbeerbranntwein

Außerdem:

500 g dunkle Kuvertüre (50-60 % Kakao)

etwas Vollmilchkuvertüre

Zubereitungszeit 50 Minuten
Ruhezeit 48 Stunden
Haltbarkeit 4 Wochen

1 | Die Kuvertüre hacken und in eine Schüssel geben. Die Sahne aufkochen, über die Kuvertüre gießen und von der Mitte aus rühren, bis eine elastische, glänzende Masse entstanden ist. Auf 35 bis 40 °C abkühlen lassen.

2 | Die Butter würfeln und die Wacholderbeeren zerdrücken. Butter, Wacholderbeeren und Branntwein unter die Creme rühren.

3 | Einen 8 bis 10 Millimeter hohen Rahmen auf eine mit Backpapier ausgelegte Unterlage stellen und die Ganache hineingießen. 48 Stunden bei 15 °C auskristallisieren lassen.

4 | Dunkle Kuvertüre temperieren und eine dünne Schicht auf die Cremeplatte streichen. Die Pralinenplatte in mundgerechte Stücke schneiden. Die Rohlinge in temperierte dunkle Kuvertüre tauchen und mit 1 Punkt oder Streifen aus Vollmilchkuvertüre dekorieren.

Eine Kreation von Johannes Storath, Confiserie Storath GmbH Pralinenmanufactur, 96110 Schesslitz/Stuebig, Bayern

Zwillbrocker-Venn-Torfspitzen

1 | Die Kuvertüre hacken. Sahne und Butter zum Kochen bringen und die Kuvertüre darin auflösen. Den Weinbrand zugeben und alles glatt rühren. Die Masse auf ein Backblech streichen und erkalten lassen, bis man mit den Fingern darin einen Zipfel ziehen kann.

2 | Die Masse in einen Spritzbeutel mit großer Lochtülle füllen und in Tropfenform, 2 bis 3 Zentimeter hoch, auf Backpapier dressieren. Die Tropfen etwa 20 Minuten in den Kühlschrank stellen.

3 | Für den Überzug Vollmilchkuvertüre schmelzen und temperieren. Die Pralinenrohlinge eintauchen und in Schokospänen rollen.

Eine Kreation von Walter Imping, Confiserie Imping, 48691 Vreden, Nordrhein-Westfalen

Zutaten für 60 Stück

300 g Vollmilchkuvertüre
120 g Sahne
25 g Butter
40 ml Weinbrand

Außerdem:

500 g Vollmilchkuvertüre
300 g geraspelte Vollmilchkuvertüre

Zubereitungszeit 130 Minuten
Ruhezeit 20 Minuten
Haltbarkeit 6 Wochen

Sherrybriketts

1 | Für das Biskuit die Eier trennen. Eigelb mit der Hälfte des Zuckers schaumig rühren. Eiweiß steif schlagen und dabei den restlichen Zucker einrieseln lassen. Eischnee unter die Eigelbmasse ziehen. Mandeln und Mehl unterheben. Butter einarbeiten. Die Masse auf ein mit Backpapier belegtes Backblech 20 x 20 Zentimeter groß streichen. Im Backofen bei 180 °C (Umluft 160 °C, Gas Stufe 2–3) 12 bis 15 Minuten backen. Biskuit erkalten lassen.

2 | Für die Ganache die Kuvertüre fein hacken. Sahne aufkochen und Kuvertüre und Butter darin auflösen. Auskühlen lassen. Den Sherry unterrühren.

3 | Die Hälfte der Ganache in einen mit Folie ausgelegten Backrahmen (20 x 20 Zentimeter) glatt streichen. Die Biskuitplatte auflegen und mit dem Sherrysirup tränken. Die restliche Ganache auf das Biskuit streichen. Kühl stellen, bis die Creme fest ist.

4 | Zartbitterkuvertüre temperieren. Den Backrahmen lösen und die obere Seite der Platte dünn mit Kuvertüre bestreichen. In 2 x 2 Zentimeter große Stücke schneiden. Die Pralinen auf einer Pralinengabel in temperierte Zartbitterkuvertüre tauchen, leicht abklopfen und auf Backpapier setzen. Noch bevor die Kuvertüre erstarrt, mit einer Spritztüte temperierte weiße oder helle Kuvertüre in feinen Zickzacklinien aufdressieren.

Zutaten für 100 Stück

Für das Biskuit:

100 g Eier (2 Stück)
75 g Zucker
75 g gehäutete gemahlene Mandeln
40 g Mehl
40 g zerlassene Butter

Für die Ganache:

350 g Zartbitterkuvertüre (60 % Kakao)
200 g Sahne
40 g Butter
75 ml Sherry

Außerdem:

1/8 l Sherrysirup (1:1 Sherry und Zucker)
500 g Zartbitterkuvertüre (60 % Kakao)
200 g weiße oder Vollmilchkuvertüre (32 % Kakao)

Zubereitungszeit 2 Stunden
Ruhezeit 4 Stunden
Haltbarkeit 7 Tage

Eine Kreation von Josef Große-Bölting, Pralinen-Manufactur Josef Große-Bölting e. K., 46414 Rhede, Nordrhein-Westfalen

Whiskytrüffel

Zutaten für 75 Stück

150 g Vollmilchkuvertüre
120 g Zartbitterkuvertüre
90 g Sahne
90 g Blütenhonig
60 g Butter
75 ml Whisky
(45,8 Vol.-%, z.B. Talisker)

Außerdem:

75 Zartbitterhohlkugeln
500 g Zartbitterkuvertüre
50 g Kakaopulver

Zubereitungszeit 1 Stunde
Ruhezeit 3 Stunden
Haltbarkeit 30–40 Tage

1 | Beide Kuvertüren hacken und in eine Schüssel geben. Sahne und Honig aufkochen, von der Kochstelle nehmen und die Butter unterrühren. Die heiße Sahne über die Kuvertüre geben und verrühren, jedoch nicht schaumig schlagen. Die Masse auf 40 °C abkühlen lassen und den Whisky unterrühren.

2 | Die Trüffelmasse mit 28 °C in die Hohlkörper füllen und die Füllung erkalten lassen. Zartbitterkuvertüre temperieren und die Kugeln mit je 1 Tupfer verschließen. Die Rohlinge 3 Stunden ruhen lassen.

3 | Das Kakaopulver in einen Behälter geben. Die Zartbitterkuvertüre erneut temperieren. Die Trüffel mit der Hand in der Kuvertüre rollen; dafür 4 Trüffel in eine Hand legen, mit der anderen Hand etwas Kuvertüre aufnehmen und die Kugeln mit beiden Händen rollen, bis sie vollständig umhüllt sind. Sofort in das Kakaopulver geben. Den Behälter leicht schütteln, bis die Kugeln komplett von Kakaopulver umgeben sind. Nach dem Erstarren den überschüssigen Kakao absieben.

Eine Kreation von Albert Möckl, Lanwehr GmbH, 89257 Illertissen, Bayern

Sahnetrüffel

Zutaten für 100 Stück

200 g Vollmilchkuvertüre
200 g Bitterkuvertüre
300 g Sahne
40 g Butter
25 ml Arrak
25 ml Weinbrand

Außerdem:

100 Vollmilchhohlkugeln
1 kg Vollmilchkuvertüre
etwas Bitterkuvertüre

Zubereitungszeit 2 Stunden
Ruhezeit 12 Stunden
Haltbarkeit 14–21 Tage

1 | Beide Kuvertüren fein hacken. Die Sahne auf 35 bis 40 °C erwärmen. Butter und Kuvertüren zugeben und unter Rühren in der Sahne schmelzen. Arrak und Weinbrand einrühren. Die Masse auf 28 °C abkühlen lassen.

2 | Die Masse in einen Spritzbeutel mit Lochtülle gießen und in die Hohlkugeln füllen. Die Rohlinge bei 18 bis 20 °C über Nacht ruhen lassen.

3 | Zum Verschließen der Hohlkugeln Vollmilchkuvertüre auf etwa 45 °C erwärmen und auf 28 °C temperieren. Etwas temperierte Kuvertüre in ein Garniertütchen füllen und mit je 1 Tupfer die Hohlkugeln verschließen. Die Rohlinge etwas ruhen lassen, bis die Kuvertüredeckel fest sind.

4 | Erneut Vollmilchkuvertüre temperieren. Die Trüffelkugeln mit Hilfe einer Pralinengabel eintauchen und auf Backpapier absetzen. Bitterkuvertüre temperieren, in ein Garniertütchen füllen und jede Praline mit 2 Strichen garnieren. Abkühlen lassen und bei 18 bis 20 °C lagern.

Eine Kreation von Alfred Bauer, Confiserie Burg Lauenstein GmbH, 96337 Ludwigsstadt, Bayern

Aranciatrüffel

1 | Vollmilchkuvertüre fein hacken. In einer Pfanne Zucker bei mittlerer Hitze schmelzen, dabei am besten Ofenhandschuhe tragen. Die Butter unterrühren. Die Sahne einrühren und alles einmal aufkochen. Von der Kochstelle nehmen und die Kuvertüre in der heißen Sahne schmelzen. Zum Schluss den Orangenlikör einrühren. Die Masse auf 30 °C abkühlen lassen.

2 | Die Ganache in einen Spritzbeutel mit Lochtülle geben und die Hohlkugeln damit zu $^2/_3$ ihrer Höhe füllen. Die Pralinenrohlinge 4 Stunden ruhen lassen.

3 | Fondant auf 32 °C erwärmen und den Cointreau unterrühren. Mit dieser Masse die Hohlkugeln bis zum Rand auffüllen. Über Nacht ruhen lassen.

4 | Vollmilchkuvertüre temperieren, die Pralinen zuerst mit je 1 Tropfen verschließen und dann damit überziehen. Zartbitterkuvertüre temperieren und die Pralinen damit beliebig garnieren.

Achtung! Das Arbeiten mit flüssig geschmolzenem Zucker ist sehr gefährlich!

Eine Kreation von Bernd Bücker, Spetsmann GmbH, 58638 Iserlohn, Nordrhein-Westfalen

Zutaten für 150 Stück

215 g Vollmilchkuvertüre
215 g Zucker
25 g Butter
140 g Sahne
52 ml Orangenlikör (mind. 38 Vol.-%, z.B. Cointreau)
285 g Fondant
70 ml Orangenlikör (mind. 38 Vol.-%, z.B. Cointreau)

Außerdem:

150 Vollmilchhohlkugeln
500 g Vollmilchkuvertüre
250 g Zartbitterkuvertüre

Zubereitungszeit 2 Stunden
Ruhezeit 1 Tag
Haltbarkeit 5 Wochen

Apfelcidretrüffel

Zutaten für 100 Stück

400 g weiße Kuvertüre
200 g Sahne
20 g Butter
50 ml Apfelsaft
100 ml Apfelcidre

Außerdem:

100 weiße Hohlkugeln
400 g weiße Kuvertüre
400 g geröstete gehobelte Mandeln

Zubereitungszeit 75 Minuten
Ruhezeit 24 Stunden
Haltbarkeit 60 Tage

1 | Die weiße Kuvertüre in kleine Stücke hacken. Die Sahne mit der Butter und dem Apfelsaft aufkochen. Den Topf von der Kochstelle nehmen, die Kuvertüre zugeben und unter die Sahne rühren, bis sie geschmolzen ist. Den Apfelcidre unterrühren und die Masse abkühlen lassen.

2 | Die Masse in einen Spritzbeutel mit kleiner Lochtülle geben und die Hohlkugeln damit füllen. Dabei darauf achten, dass die Füllung nur bis knapp unter den Rand reicht. Die Rohlinge etwa 24 Stunden ruhen lassen.

3 | Weiße Kuvertüre temperieren, in einen Spritzbeutel füllen und auf jede Hohlkugel 1 Tupfer setzen, um sie zu verschließen. Die Kuvertüre erstarren lassen.

4 | Erneut Kuvertüre temperieren und die Pralinenkugeln darin rollen, danach sofort in den gehobelten und gerösteten Mandeln wälzen und die Kuvertüre erstarren lassen.

Eine Kreation von Andreas Bellem, Excellent Confiserie Spezialitäten GmbH, 74889 Sinsheim-Dühren, Baden-Württemberg

Moskowitsch

1 | Zum Karamellisieren der Walnüsse 60 Gramm Zucker in einer Pfanne unter Rühren bei mittlerer Hitze zerlassen; dabei am besten Ofenhandschuhe tragen. Die Walnüsse zugeben und in dem flüssigen Zucker karamellisieren. Abkühlen lassen und fein vermahlen.

2 | In einem kleinen Topf die restlichen 20 Gramm Zucker mit 40 Millilitern Wasser aufkochen; es entsteht Läuterzucker.

3 | Den feinen Walnusskaramell, den Läuterzucker und den Rum unter die Marzipanrohmasse arbeiten. Die Pralinenmasse zwischen 2 Bögen Backpapier etwa 1 Zentimeter dick ausrollen.

4 | Vollmilchkuvertüre temperieren und damit die Oberfläche der Marzipanplatte bestreichen. Erkalten lassen.

5 | Die Platte auf die Kuvertüreseite wenden und in 1,5 x 3 Zentimeter große Stücke schneiden. Erneut Vollmilchkuvertüre temperieren und die Pralinen damit überziehen. Walnüsse etwas klein schneiden und jede Praline mit 1 Stück Walnuss garnieren.

Achtung! Das Arbeiten mit flüssig geschmolzenem Zucker ist sehr gefährlich!

Eine Kreation von Bernd Bücker, Spetsmann GmbH, 58638 Iserlohn, Nordrhein-Westfalen

Zutaten für 90 Stück

80 g Zucker
120 g Walnüsse
30 ml Rum
480 g Marzipanrohmasse

Außerdem:

200 g Vollmilchkuvertüre
50 halbe Walnüsse

Zubereitungszeit 90 Minuten
Ruhezeit 1 Tag
Haltbarkeit 4 Wochen

Cointreautrüffel

Zutaten für 100 Stück

800 g weiße Kuvertüre
250 g Sahne
30 g Butter
90 ml Cointreau (Orangenlikör)
0,5 ml Orangenöl

Außerdem:
100 weiße Hohlkugeln
1 kg weiße Kuvertüre
etwas Orangeat

Zubereitungszeit 2 Stunden
Ruhezeit 12 Stunden
Haltbarkeit 14–21 Tage

1 | Die weiße Kuvertüre fein hacken. Die Sahne auf 35 bis 40 °C erwärmen. Butter und Kuvertüre zugeben und unter Rühren in der Sahne schmelzen. Zum Schluss Cointreau und Orangenöl einrühren. Die Masse auf 28 °C abkühlen lassen.

2 | Die Masse in einen Spritzbeutel mit Lochtülle gießen und in die weißen Hohlkugeln füllen. Die Rohlinge bei 18 bis 20 °C über Nacht ruhen lassen.

3 | Weiße Kuvertüre für Deckel und Überzug temperieren. Dafür die Kuvertüre in einem Wasserbad auf 45 °C erwärmen und anschließend auf 28 °C abkühlen. Etwas temperierte Kuvertüre in ein Garniertütchen füllen und mit je 1 Tupfer die gefüllten Hohlkugeln verschließen. Etwas ruhen lassen, bis die Kuvertüredeckel fest sind.

4 | Die Kuvertüre erneut temperieren. Die Trüffelkugeln mit Hilfe einer Pralinengabel eintauchen und auf Backpapier absetzen. Orangeat klein schneiden und die Pralinen damit garnieren. Abkühlen lassen und bei 18 bis 20 °C lagern.

Eine Kreation von Alfred Bauer, Confiserie Burg Lauenstein GmbH, 96337 Ludwigsstadt, Bayern

Schwarzwälder Kirsch

Zutaten für 75 Stück

Füllung 1:

20 g Zucker
1,2 g Pektin
250 g Sauerkirschgelee
12 ml Kirschwasser (40 Vol.-%)

Füllung 2:

350 g weiße Kuvertüre
130 g Sahne
20 g Honig
50 g Butter
50 ml Kirschwasser (40 Vol.-%)

Außerdem:

75 Zartbitterhohltöpfchen
10 Belegkirschen
1 kg weiße Kuvertüre

Zubereitungszeit 80 Minuten
Ruhezeit 4 Stunden
Haltbarkeit 30 Tage

1 | Für die erste Füllung Zucker und Pektin mischen und unter das Sauerkirschgelee rühren. Das Gelee aufkochen und abkühlen lassen. Das Kirschwasser unterrühren. Bei einer Temperatur von 28 °C das Gelee in einen Spritzbeutel geben und die Zartbittertöpfchen zur Hälfte füllen. Sollte das Gelee zu fest sein, mit wenig Läuterzucker flüssiger machen. Die Töpfchen 2 Stunden ruhen lassen.

2 | Für die zweite Füllung die weiße Kuvertüre klein hacken. Die Sahne mit dem Honig aufkochen, von der Kochstelle nehmen und die Butter einrühren. Die Mischung über die Kuvertüre geben und diese durch Rühren in der Sahne schmelzen. Bei 40 °C das Kirschwasser unterrühren. Die Masse nach weiterem Abkühlen bei 28 °C in die Töpfchen auf das erkaltete Gelee geben und bis zum oberen Rand füllen. Erneut 2 Stunden ruhen lassen.

3 | Die Belegkirschen jeweils in 8 Teile schneiden. Die Kuvertüre für den Überzug temperieren und die Rohlinge damit überziehen. Jede Praline vor dem Erstarren mit 1 Kirschstück garnieren.

Eine Kreation von Albert Möckl, Lanwehr GmbH, 89257 Illertissen, Bayern

Eierlikörtrüffel

Zutaten für 175 Stück

250 g weiße Kuvertüre
100 g Glukosesirup
100 g Butter
650 ml Eierlikör

Außerdem:

175 weiße Hohlkugeln
600 g weiße Kuvertüre

Zubereitungszeit 75 Minuten
Ruhezeit 2 Stunden
Haltbarkeit 10–12 Wochen

1 | Die weiße Kuvertüre fein hacken und in einem Wasserbad unter Rühren schmelzen. Den Glukosesirup leicht erwärmen und mit der Butter vermischen. Die flüssige Kuvertüre hinzufügen und unterziehen. Zuletzt den Eierlikör beimengen und alles glatt rühren.

2 | Die Trüffelmasse in einen Spritzbeutel mit Lochtülle geben und in die weißen Hohlkörper füllen. Nachdem sich eine leichte Haut gebildet hat, etwas weiße Kuvertüre temperieren und mit je 1 Tupfer die Kugeln verschließen. Die Trüffel gut 2 Stunden ruhen lassen.

3 | Erneut weiße Kuvertüre temperieren. Die Trüffel damit überziehen und auf einem Gitter igeln, d. h. vorsichtig hin-und herrollen. Vor dem Verzehr 2 bis 3 Tage ruhen lassen.

Eine Kreation von Oliver Coppeneur, CCC Confiserie Coppeneur et Compagnon GmbH, 53604 Bad Honnef, Nordrhein-Westfalen

Amaretto-Sahne-Trüffel

1 | Die Kuvertüre fein hacken. Die Sahne auf etwa 60 °C erhitzen. Sobald die Temperatur erreicht ist, die Kuvertüre zugeben und unter Rühren in der Sahne schmelzen.

2 | Die Butter langsam unter die Kuvertürecreme ziehen. Die Kuvertürecreme soll dabei auf etwa 29 °C abkühlen. Zum Schluss den Amaretto einrühren.

3 | Die Amaretto-Trüffel-Creme bei 26 bis 28 °C weiter verarbeiten. Die Creme in einen Spritzbeutel mit Lochtülle geben und in die Hohlkugeln füllen. Die Trüffel bei 18 bis 20 °C über Nacht abkühlen lassen, bis sich eine dünne Haut gebildet hat.

4 | Für den Überzug die Kuvertüre bei etwa 45 °C schmelzen und auf 28 °C temperieren. Die Trüffel mit einer Pralinengabel in die geschmolzene Kuvertüre tauchen und auf Backpapier setzen. Die Pralinen nach Wunsch dekorieren. Abkühlen lassen und bei 18 bis 20 °C lagern.

Eine Kreation der Confiserie Burg Lauenstein GmbH, 96337 Ludwigsstadt, Bayern

Zutaten für 100 Stück

500 g Vollmilchkuvertüre
170 g Sahne
25 g zimmerwarme Butter
65 ml Amaretto (28 Vol.-%)

Außerdem:

100 Vollmilchhohlkugeln
1 kg Vollmilchkuvertüre

Zubereitungszeit 1–2 Stunden
Ruhezeit 12 Stunden
Haltbarkeit 14–21 Tage

Rotweinpralinen

Zutaten für 65 Stück

8 g Agar-Agar (Reformhaus)
300 ml trockener Rotwein
250 g Zucker
100 g Glukosesirup
1 Blatt rote Gelatine

Außerdem:
Eiswürfel-Silikonförmchen
500 g Vollmilchkuvertüre
Zartbitterkuvertüreraspel

Zubereitungszeit 1–2 Stunden
Ruhezeit 12–16 Stunden
Haltbarkeit 14 Tage

1 | Agar-Agar über Nacht in kaltem Wasser einweichen. Am nächsten Tag den Rotwein mit Zucker, Glukosesirup und Agar-Agar unter ständigem Rühren etwa 4 Minuten kochen lassen. Den Rotweinsud etwas abkühlen lassen.

2 | Die Gelatine in kaltem Wasser einweichen und quellen lassen. Die aufgequollene Gelatine ausdrücken, in den Rotweinsud einrühren und alles auf etwa 35 °C abkühlen lassen. Den Sud in die Silikonförmchen gießen und über Nacht im Kühlschrank vollkommen erstarren lassen.

3 | Am nächsten Tag die Rohlinge aus der Form drücken. Vollmilchkuvertüre temperieren. Die Pralinenrohlinge mit einer Pralinengabel darin eintauchen und auf ein mit Backpapier ausgelegtes Tablett setzen. Den Boden der Pralinen vollkommen erstarren lassen.

4 | Erneut Kuvertüre temperieren. Die Pralinen noch einmal ganz eintauchen, leicht abklopfen, absetzen und mit Kuvertüreraspel bestreuen. Nach dem vollkommenen Erstarren der Kuvertüre ist die Praline genussfertig.

Eine Kreation von Matthias Meier, Confiserie Peters, 59555 Lippstadt, Nordrhein-Westfalen

Wein-Punsch-Trüffel

1 | Die Sahne mit dem Rotwein aufkochen. Mit Zimt, Nelke und Ingwer würzen. Den Topf von der Kochstelle nehmen. Alle 3 Kuvertüren fein hacken und unter die heiße Sahnemischung rühren, bis sie sich aufgelöst haben. Den Rum in die Kuvertüremasse rühren. Die Masse steif werden lassen.

2 | Marzipanrohmasse und Puderzucker schnell zu einem Teig kneten. Zu einer Platte ausrollen und mit einem runden Ausstecher (1,5 Zentimeter Durchmesser) kleine Marzipanböden ausstechen.

3 | Die steife Sahne in einen Spritzbeutel mit Lochtülle Nr. 10 füllen und auf die Marzipanböden dressieren. Die Rohlinge 24 Stunden an einem kühlen Ort (nicht im Kühlschrank) ruhen lassen.

4 | Dunkle Kuvertüre und Milchkuvertüre getrennt voneinander temperieren. Die Rohlinge mit dunkler Kuvertüre überziehen und mit 1 Punkt helle Kuvertüre dekorieren.

Eine Kreation von Eberhard Schell, Schokoladenmanufaktur Schell, 74831 Gundelsheim, Baden-Württemberg

Zutaten für 45 Stück

50 g Sahne
50 ml Lemberger (Rotwein)
je 1 Prise Zimt-, Nelken-, Ingwerpulver
je 50 g dunkle und weiße Kuvertüre
120 g Milchkuvertüre
15 ml Rum (40 Vol.-%)
200 g Marzipanrohmasse
150 g Puderzucker

Außerdem:

500 g dunkle Kuvertüre
100 g Milchkuvertüre

Zubereitungszeit 1 Stunde
Ruhezeit 24 Stunden
Haltbarkeit 30 Tage

Proseccotrüffel

Zutaten für 100 Stück

1 Vanilleschote
420 g Vollmilchkuvertüre
250 g Sahne
20 g Butter
100 ml Prosecco

Außerdem:
100 Vollmilchhohlkugeln
1 kg Vollmilchkuvertüre
50 g Puderzucker

Zubereitungszeit 75 Minuten
Ruhezeit 24 Stunden
Haltbarkeit 60 Tage

1 | Die Vanilleschote längs aufschneiden und das Mark mit einem Messerrücken herauskratzen. Die Vollmilchkuvertüre in kleine Stücke hacken.

2 | Die Sahne mit der Butter und dem Vanillemark aufkochen. Den Topf von der Kochstelle nehmen, die gehackte Vollmilchkuvertüre zugeben und unter die Sahne rühren, bis sie geschmolzen ist. Den Prosecco unterrühren. Die Masse abkühlen lassen.

3 | Die abgekühlte Masse in einen Spritzbeutel mit kleiner Lochtülle geben und die Hohlkugeln damit füllen. Dabei darauf achten, dass die Füllung nur bis knapp unter den Rand reicht. Die gefüllten Hohlkugeln etwa 24 Stunden ruhen lassen.

4 | Vollmilchkuvertüre temperieren, in einen Spritzbeutel füllen und auf jede Hohlkugel 1 Tupfer setzen, um sie zu verschließen. Die Kuvertüre erstarren lassen.

5 | Erneut Kuvertüre temperieren und die Pralinenkugeln darin rollen. Die Pralinen mit Puderzucker bestäuben.

Eine Kreation von Andreas Bellem, Excellent Confiserie Spezialitäten GmbH, 74889 Sinsheim-Dühren, Baden-Württemberg

Die Hohlkugeln mit dem Spritzbeutel ca. 2 Millimeter über den Rand hinaus mit der Masse füllen. Ein paar Stunden abkühlen lassen, damit die Oberfläche hart werden kann und mit erneut temperierter Kuvertüre verschließen.

Champagnertrüffel

Zutaten für 63 Stück

75 g Sahne
20 g Butter
30 g Wildblütenhonig
240 g Vollmilchkuvertüre
110 ml Champagner
25 g Marc de Champagne

Außerdem:

63 Vollmilchhohlkugeln
ca. 750 g Vollmilchkuvertüre
Puderzucker

Zubereitungszeit 2–3 Stunden
Ruhezeit 8–10 Stunden
Haltbarkeit 14–21 Tage

1 | Die Sahne kurz aufkochen und von der Kochstelle nehmen. Die Butter und den Honig zugeben und unter Rühren vollständig darin auflösen. Die Vollmilchkuvertüre fein hacken, in die heiße Sahnemischung geben und unter Rühren vollständig schmelzen.

2 | Champagner und Marc de Champagne unterrühren. Die Masse auf etwa 28 °C abkühlen lassen und in die Hohlkugeln füllen. 8 bis 10 Stunden an einen kühlen Ort stellen, bis sich Häutchen auf den Rohlingen bilden.

3 | Nach der Ruhezeit die Vollmilchkuvertüre temperieren und die Öffnungen der Kugeln mit jeweils einer kleinen Menge davon verschließen.

4 | Die Kugeln von Hand in temperierter Vollmilchkuvertüre rollen. In ein Puderzuckerbett legen und darin wenden. Nach dem Erstarren der Kuvertüre die Pralinenkugeln absieben.

Eine Kreation der CCC Confiserie Coppeneur et Compagnon GmbH, 53604 Bad Honnef, Nordrhein-Westfalen

Eierlikör-Sahne-Trüffel

Zutaten für 100 Stück

300 g Sahne (33 % Fett)

300 g edele weiße Kuvertüre

20 g Butter

100 ml Eierlikör

Außerdem:

100 weiße Hohlschalen in Herzform

ca. 600 g Zartbitterkuvertüre

Zubereitungszeit 2 Stunden

Ruhezeit 8 Stunden

Haltbarkeit 6–8 Wochen

1 | Die Sahne aufkochen. Die Kuvertüre fein raspeln und in eine Schüssel geben. Die kochende Sahne dazugießen und gut mit der Kuvertüre vermischen. Die Masse auf etwa 40 °C abkühlen lassen. Die Butter dazugeben und unterrühren. Sobald die Masse 30 °C warm ist, den Eierlikör einrühren.

2 | Die erkaltete Masse – sie sollte nicht wärmer als 30 °C sein – in eine Spritztüte geben und die Hohlschalen damit füllen. Die Pralinenrohlinge bei etwa 18 °C etwa 8 Stunden ruhen lassen.

3 | Für den Überzug Kuvertüre temperieren. Die Pralinen darin eintauchen, überziehen und auf einem Gitter abtropfen lassen.

Tipp Besonders gut schmecken die Pralinen auch, wenn sie mit weißer Kuvertüre überzogen und mit etwas dunkler Kuvertüre garniert werden.

Eine Kreation der Confiserie Dengel, 83543 Rott am Inn, Bayern

Irish-Cream-Baileys

1 | Beide Kuvertüresorten hacken und in eine Schüssel geben. Die Sahne zum Kochen bringen, über die Kuvertüren gießen und unter Rühren miteinander vermischen. Den Baileys unterrühren. Die Masse auf etwa 26 °C abkühlen lassen.

2 | Die leicht abgekühlte Masse in die Hohlkugeln füllen. Die gefüllten Kugeln für etwa 8 Stunden an einen kühlen Ort (nicht in den Kühlschrank) stellen.

3 | Kuvertüre temperieren. Etwas Kuvertüre in einen Spritzbeutel mit Lochtülle geben und die Öffnungen der Hohlkugeln mit je 1 Tupfer verschließen. Nach dem Erstarren die Kugeln in flüssiger Kuvertüre und Mandeln rollen.

Eine Kreation von Café Peters, 59555 Lippstadt, Nordrhein-Westfalen

Zutaten für 75 Stück

200 g Vollmilchkuvertüre
40 g weiße Kuvertüre
120 g Sahne
140 ml Baileys Original Irish Cream (Whiskey-Sahnelikör)

Außerdem:

75 Zartbitterhohlkugeln
ca. 200 g weiße Kuvertüre
geröstete gehobelte Mandeln

Zubereitungszeit 1 Stunde
Ruhezeit 8 Stunden
Haltbarkeit 14 Tage

Orangenlikörtrüffel

Zutaten für 63 Stück

100 g dunkle Kuvertüre
100 g Vollmilchkuvertüre
150 g Sahne
40 g Butter
50 g Orangenblütenhonig
60 ml Orangenlikör (z.B. Cointreau)

Außerdem:

63 dunkle Hohlkugeln
150 g Vollmilchkuvertüre
Kakaopulver
1 kg dunkle Kuvertüre

Zubereitungszeit 2–3 Stunden
Ruhezeit 8–10 Stunden
Haltbarkeit 14–21 Tage

1 | Beide Kuvertüresorten fein hacken. Die Sahne kurz aufkochen und von der Kochstelle nehmen.

2 | Die Butter, den Honig und die Kuvertüren nach und nach in die Sahne geben und unter Rühren vollständig schmelzen. Zum Schluss den Orangenlikör unterrühren.

3 | Die Masse auf etwa 28 °C abkühlen lassen und in die Hohlkugeln füllen. Nach 8 bis 10 Stunden Ruhezeit die Vollmilchkuvertüre temperieren und die Kugeln mit je 1 Tupfer verschließen.

4 | Kakaopulver auf einen tiefen Teller geben. Dunkle Kuvertüre temperieren und die Kugeln von Hand in der Kuvertüre rollen. Die Pralinen in dem Kakaobett ablegen und darin wenden. Nach dem Erstarren der Kuvertüre die Pralinenkugeln absieben.

Eine Kreation der CCC Confiserie Coppeneur et Compagnon GmbH, 53604 Bad Honnef, Nordrhein-Westfalen

Himbeermarzipan mit Champagnerhaube

1 | Die Marzipanrohmasse mit dem Puderzucker verkneten. Die Himbeeren pürieren und unterarbeiten. 2 Holzleisten parallel zueinander auf Backpapier legen und die Masse dazwischen zu einer Platte von 16 x 16 Zentimetern ausrollen. Daraus 2 x 2 Zentimeter große Stücke schneiden.

2 | Die weiße Kuvertüre hacken. Sahne und Butter aufkochen und die Kuvertüre darin auflösen. Den Champagner einrühren. Die Masse auf ein Backblech streichen und für etwa 20 Minuten in den Kühlschrank stellen. Sie ist gut, wenn man mit den Fingern einen Zipfel ziehen kann.

3 | Die Ganache in einen Spritzbeutel mit großer Lochtülle füllen und haselnussgroße Tupfen auf die Himbeermarzipanplättchen spritzen.

4 | Zartbitterkuvertüre temperieren und die Pralinenkörper mit Hilfe einer Pralinengabel überziehen. Mit Puderzucker bestäuben.

Eine Kreation von Walter Imping, Confiserie Imping, 48691 Vreden, Nordrhein-Westfalen

Zutaten für 64 Stück

250 g Marzipanrohmasse
30 g Puderzucker
40 g Himbeeren
200 g weiße Kuvertüre
60 g Sahne
20 g Butter
25 ml Champagner

Außerdem:

500 g Zartbitterkuvertüre
Puderzucker

Zubereitungszeit 130 Minuten
Ruhezeit 20 Minuten
Haltbarkeit 6 Wochen

Amarenatraum

1 | Die Marzipanrohmasse mit Puderzucker anwirken, d. h., mit den Händen schnell zu einer einheitlichen Masse verarbeiten. Diese auf einer mit Backpapier ausgelegten Arbeitsfläche ausrollen und mit einem runden Ausstecher von etwa 1,5 Zentimetern Durchmesser Plättchen ausstechen.

2 | Für die Amarena-Ganache Sahne, Butter, Honig, Salz und Pulverkaffee aufkochen. Die weiße Kuvertüre fein hacken, einrühren und die Creme abkühlen lassen. Den Amarenalikör zugeben und die Masse mit den Quirlen der Küchenmaschine aufschlagen.

3 | Die Ganache in einen Spritzbeutel mit 8er-Sterntülle füllen und auf die vorbereiteten Plättchen aufdressieren. Jeweils 1 Amarenakirsche auflegen. Die Gebilde erstarren lassen.

4 | Farinzucker auf einen Teller geben. Zartbitterkuvertüre temperieren. Die abgekühlten Pralinenkörper in die Kuvertüre eintauchen und überziehen. Auf dem braunen Farinzucker absetzen.

Eine Kreation der Fritz Kunder GmbH, 65185 Wiesbaden, Hessen

Zutaten für 120 Stück

350 g Marzipanrohmasse
150 g Puderzucker
250 g Sahne
100 g Butter
70 g Honig
4 g Meersalz
2 TL Instantkaffee
500 g weiße Kuvertüre
50 ml Amarenalikör
120 Amarenakirschen

Außerdem:

250 g brauner Farinzucker
1 kg Zartbitterkuvertüre

Zubereitungszeit 105 Minuten
Ruhezeit 1 Stunde
Haltbarkeit 14 Tage

PRALINEN MIT AROMEN

Zartschmelzende Trüffel zergehen förmlich auf der Zunge und sind der Lohn für die kreative Arbeit eines jeden Chocolatiers. Als Basis für diese Delikatessen dient auch hier die Ganache, eine unvergleichlich sanfte und geschmeidige Creme, für die entweder Butter oder Sahne mit Kuvertüre verarbeitet wird. Als passende Aromaträger bieten sich etwa Kaffee, Tee, Ingwer, Kardamom, Vanille und Limette an. Das Rezept für die auf dieser Doppelseite abgebildeten Limette-Sahne-Trüffel finden Sie auf Seite 135.

Preiselbeerpyramiden

Zutaten für 90 Stück

250 g Butter
200 g Preiselbeerkonfitüre, passiert
50 ml Rotwein
1 g schwarzer Pfeffer, gemahlen
400 g Vollmilchkuvertüre (32 % Kakao)

Außerdem:

1 kg Zartbitterkuvertüre (50 % Kakao)

Zubereitungszeit 90 Minuten
Ruhezeit 12 Stunden
Haltbarkeit 7 Tage

1 | Die Butter schaumig rühren und die Preiselbeerkonfitüre unterheben. Nach und nach Rotwein und Pfeffer unter die Masse rühren.

2 | Die Vollmilchkuvertüre in kleine Stücke hacken und in einem Wasserbad unter Rühren schmelzen. Die warme Kuvertüre zur Buttercreme geben und unterrühren.

3 | Die Creme in einen Spritzbeutel mit Lochtülle geben und pyramidenförmig auf Backpapier dressieren. Die Pyramiden über Nacht vollständig erstarren lassen.

4 | Am nächsten Tag Zartbitterkuvertüre temperieren. Die Pralinenrohlinge mit Hilfe einer Pralinengabel hineintauchen, leicht abklopfen und auf ein Abtropfgitter setzen.

Eine Kreation von Josef Große-Bölting, Pralinen-Manufactur Josef Große-Bölting e. K., 46414 Rhede, Nordrhein-Westfalen

Buttertrüffel

Zutaten für 100 Stück

100 g Vollmilchkuvertüre
300 g Bitterkuvertüre
200 g Sahne
100 g Butter
50 ml Weinbrand

Außerdem:

100 Vollmilchhohlkugeln
1 kg Vollmilchkuvertüre

Zubereitungszeit 2 Stunden
Ruhezeit 12 Stunden
Haltbarkeit 14–21 Tage

1 | Beide Kuvertüren fein hacken. Die Sahne auf 35 bis 40 °C erwärmen und zur Seite stellen. Butter und Kuvertüre zugeben und unter Rühren in der Sahne schmelzen. Zum Schluss den Weinbrand unterrühren. Die Masse auf 28 °C abkühlen lassen.

2 | Die Masse in einen Spritzbeutel mit Lochtülle gießen und in die Hohlkugeln füllen. Die gefüllten Rohlinge bei 18 bis 20 °C über Nacht ruhen lassen.

3 | Zum Verschließen der Hohlkugeln Vollmilchkuvertüre auf etwa 45 °C erwärmen und auf 28 °C temperieren. Etwas temperierte Kuvertüre in ein Garniertütchen füllen und mit je 1 Tupfer die Hohlkugeln verschließen. Etwas ruhen lassen, bis die Kuvertüredeckel fest sind.

4 | Erneut Vollmilchkuvertüre temperieren. Die Rohlinge eintauchen und auf Backpapier setzen. Etwas Kuvertüre in ein Garniertütchen füllen, die Spitze knapp abschneiden und jede Praline mit 2 Strichen Kuvertüre dekorieren. Abkühlen lassen und bei 18 bis 20 °C lagern.

Eine Kreation von Alfred Bauer, Confiserie Burg Lauenstein GmbH, 96337 Ludwigsstadt, Bayern

Cappuccinotrüffel

1 | Die Kuvertüre fein raspeln und in eine Schüssel geben. Den Kaffee in die Sahne einrühren und aufkochen. Die heiße Sahne auf die Raspel gießen und rühren, bis die Kuvertüre geschmolzen ist. Die cremige Masse etwas abkühlen lassen und die Butter unterrühren.

2 | Die Masse auf 30 °C abkühlen lassen. Den Mokkalikör unterrühren. Die Masse in einen Spritzbeutel mit Lochtülle geben und in die Hohlkugeln füllen. Die Rohlinge 8 Stunden ruhen lassen.

3 | Vollmilchkuvertüre in einem Wasserbad schmelzen und auf 30 °C abkühlen lassen. Die Pralinen zum Überziehen einzeln in die Kuvertüre tauchen und zum Trocknen auf einem Gitter abtropfen lassen.

4 | Weiße Kuvertüre schmelzen und auf 29 °C temperieren. In eine Papierspritztüte füllen, die Spitze etwas abschneiden und 1 mittelgroßen Tupfer Kuvertüre auf jede getrocknete Praline spritzen. Noch bevor die weiße Kuvertüre erstarrt ist, die Pralinen mit Kakaopulver dezent bestreuen.

Eine Kreation von Uwe Dengel, Confiserie Dengel, 83543 Rott am Inn, Bayern

Zutaten für 100 Stück

300 g edle Zartbitterkuvertüre
80 g gemahlener Kaffee
300 g Sahne (mind. 33 % Fett)
20 g Butter
100 ml Mokkalikör

Außerdem:

100 Vollmilchhohlkugeln
1 kg edle Vollmilchkuvertüre
200 g edle weiße Kuvertüre
50 g Kakaopulver

Zubereitungszeit 2 Stunden
Ruhezeit 8 Stunden
Haltbarkeit 4–5 Wochen

Ganache-Trüffel Kakao pur

Zutaten für 150 Stück

1 Vanilleschote

300 g Sahne

500 g dunkle Kuvertüre (72 % Kakao)

100 g Butter

30 ml Kakaolikör

Außerdem:

Kakaopulver

Zubereitungszeit 1 Stunde
Ruhezeit 24 Stunden
Haltbarkeit 1–2 Wochen

1 | Die Vanilleschote längs aufschneiden und das Mark herauskratzen. Die Sahne mit der Vanilleschote und dem Vanillemark aufkochen. Die Vanilleschote entfernen.

2 | Die Kuvertüre klein hacken, mit der Butter zur heißen Sahne geben und alles glatt rühren. Den Kakaolikör beimischen. Die Masse 24 Stunden im Kühlschrank fest werden lassen.

3 | Aus der kalten Masse kleine Kügelchen ausstechen und in dunklem Kakaopulver wälzen.

Eine Kreation von Oliver Coppeneur, CCC Confiserie Coppeneur et Compagnon GmbH, 53604 Bad Honnef, Nordrhein-Westfalen

Boskopsymphonie

Zutaten für 60 Stück

100 g Vollmilchkuvertüre
180 g weiße Kuvertüre
100 g Äpfel (Sorte Boskop)
1 Spritzer Zitronensaft
90 g Sahne
20 g Butter
40 g feiner Kristallzucker
30 ml Apfelkorn

Außerdem:

70 gehobelte Mandeln
500 g Vollmilchkuvertüre

Zubereitungszeit gut 3 Stunden
Ruhezeit 1 Stunde
Haltbarkeit 4 Wochen

1 | Für die Dekoration die Mandelblättchen im Backofen bei 200 °C (Umluft 180 °C, Gas Stufe 3–4) hellbraun rösten. Auskühlen lassen.

2 | Beide Kuvertüren fein hacken und in einem Wasserbad schmelzen. Das Apfelfruchtfleisch pürieren und mit Zitronensaft würzen.

3 | Sahne, Butter und Zucker zusammen aufkochen, beiseite stellen und die geschmolzene Kuvertüre einrühren. Apfelpüree und Apfelkorn einrühren. Die Ganache auf ein Blech streichen und etwa 30 Minuten in den Kühlschrank stellen. Die Masse ist fest genug, wenn sich mit dem Finger Dellen eindrücken lassen, die nur gering oder gar nicht in ihre Ausgangsform zurückkehren.

4 | Die Creme in einen Spritzbeutel mit großer Lochtülle geben und kirschgroße Tupfer auf Backpapier setzen. Rohlinge 1 Stunde kühl stellen.

5 | Vollmilchkuvertüre temperieren. Die Pralinenrohlinge mit einer Pralinengabel eintauchen, überziehen und auf Backpapier setzen. Bevor die Kuvertüre fest wird, auf jede Praline 1 geröstetes Mandelblatt legen.

Eine Kreation von Walter Imping, Confiserie Imping, 48691 Vreden, Nordrhein-Westfalen

Kaffee-Mokka-Pralinen

Zutaten für 100 Stück

180 g Vollmilchkuvertüre
120 g Zartbitterkuvertüre
160 g Sahne
40 g Butter
10 g Instantkaffee
20 ml Mokkalikör
20 ml Weinbrand

Außerdem:

500 g Vollmilchkuvertüre
100 Mokkabohnen

Zubereitungszeit 75 Minuten
Ruhezeit 1 Stunde
Haltbarkeit 60 Tage

1 | Beide Kuvertüren in kleine Stücke hacken. Die Sahne mit der Butter und dem Instantkaffee aufkochen. Den Topf von der Kochstelle nehmen, die gehackte Kuvertüre zugeben und rühren, bis die Kuvertüre in der Sahne geschmolzen ist. Den Mokkalikör und den Weinbrand unterrühren. Die Masse abkühlen lassen.

2 | Eine Unterlage mit Backpapier auslegen. Die abgekühlte Masse darauf etwa 1 Zentimeter dick aufstreichen und erstarren lassen.

3 | Die Vollmilchkuvertüre temperieren. Die Oberfläche der Pralinenplatte damit abstreichen und erstarren lassen.

4 | Die Platte wenden und in etwa 2,5 x 2,5 Zentimeter große Stücke schneiden. Die Rohlinge mit Hilfe einer Pralinengabel ganz mit temperierter Vollmilchkuvertüre überziehen und mit je 1 Mokkabohne garnieren.

Eine Kreation von Andreas Bellem, Excellent Confiserie Spezialitäten GmbH, 74889 Sinsheim-Dühren, Baden-Württemberg

Karamell-Cassis-Trüffel

Zutaten für 80 Stück

140 g Glukose 43 °Brix
300 g Zucker
400 g Sahne
200 g Cassismark (z.B. von Boiron)
90 g Butter

Außerdem:

80 Zartbitterhohlkugeln
100 g Zartbitterkuvertüre
250 g Halbbitterkuvertüre (50 % Kakao)

Zubereitungszeit 90 Minuten
Ruhezeit 24 Stunden
Haltbarkeit 30 Tage

1 | Die Glukose in einem Topf bei mittlerer Hitze auflösen und nach und nach den Zucker unterrühren; dabei am besten Ofenhandschuhe tragen. So lange unter ständigem Rühren weiter erhitzen, bis eine goldbraune, klare Masse entstanden ist. Mit der Sahne ablöschen (Achtung, dabei entsteht heißer Wasserdampf) und die Mischung auf 110 °C aufkochen. Das Cassismark zufügen und erneut aufkochen.

2 | Die Masse in eine Schüssel geben, die Butter würfeln und unterziehen. Die Füllung abdecken und auf 28 bis 30 °C abkühlen lassen; das dauert etwa 3 Stunden.

3 | Die Masse portionsweise in einen Spritzbeutel geben und in die Hohlkugeln füllen. Die Pralinenrohlinge abdecken und über Nacht bei 14 bis 18 °C auskühlen lassen.

4 | Am nächsten Tag Zartbitterkuvertüre temperieren und die Kugeln mit je 1 Tupfer verschließen. Halbbitterkuvertüre temperieren und die Rohlinge damit dünn überziehen.

Achtung! Das Arbeiten mit flüssig geschmolzenem Zucker ist sehr gefährlich!

Eine Kreation von Jörg Kraume, Café Kraume, 33615 Bielefeld, Ostwestfalen

Himbeer-Bouchée

1 | Die Kuvertüre fein hacken und in eine Schüssel geben. Sahne, Himbeerpüree und Glukosesirup aufkochen. Die heiße Sahnemischung über die Kuvertüre gießen und alles miteinander glatt rühren.

2 | Einen Rahmen mit 1,5 Zentimetern Höhe auf ein mit Backpapier ausgelegtes Blech stellen und die Masse eingießen. Die Creme 4 bis 6 Stunden an einem kühlen Ort fest werden lassen.

3 | Die ausgekühlte Platte in 2,2 x 2,2 Zentimeter große Stücke schneiden. 4 bis 6 Stunden vor dem Überziehen trocknen lassen.

4 | Extrabittere Kuvertüre temperieren. Die Pralinen damit überziehen und nach Belieben dekorieren.

Eine Kreation von Oliver Coppeneur, CCC Confiserie Coppeneur et Compagnon GmbH, 53604 Bad Honnef, Nordrhein-Westfalen

Zutaten für 100 Stück

200 g dunkle Kuvertüre (70 % Kakao)
150 g Sahne
100 g Himbeerpüree
25 g Glukosesirup

Außerdem:

200 g dunkle Kuvertüre (70 % Kakao)

Zubereitungszeit 75 Minuten
Ruhezeit 12 Stunden
Haltbarkeit 1–2 Wochen

Honig-Sternanis-Trüffel

Zutaten für 80-90 Stück

100 g Sahne
150 g fester, kristalliner Honig
1/2 Vanilleschote
1 gehäufter gemahlener EL Sternanis
1 gestrichener TL Zimtpulver
frisch geriebene Muskatnuss
350 g weiße Kuvertüre
200 g Butter

Außerdem:
400 g Bitterkuvertüre
Kakaopulver

Zubereitungszeit 90 Minuten
Ruhezeit 24 Stunden
Haltbarkeit 2-3 Wochen

1 | Die Sahne kurz aufkochen, von der Kochstelle nehmen und den Honig darin auflösen. Das Mark der Vanilleschote auskratzen und mit Sternanis, Zimt und einem Hauch frisch geriebener Muskatnuss unter die Sahne rühren.

2 | Die weiße Kuvertüre in einem Wasserbad schmelzen. Die Kuvertüre unter die Sahne rühren. Die Butter in der Mikrowelle bei geringer Wattzahl pomadig auflösen und in die Masse einrühren. Die Füllung im Kühlschrank mindestens 2 Stunden, am besten über Nacht, abgedeckt abkühlen lassen.

3 | Die kalte Masse mit einem Schneebesen leicht schaumig rühren, bis sie eine helle Färbung annimmt. Wichtig ist, dass keine Stücke zurückbleiben. Die Ganache in einen Spritzbeutel mit 8er-Lochtülle füllen und etwa 3 Zentimeter lange Röllchen auf eine mit Backpapier ausgelegte Unterlage dressieren. Die Rohlinge mehrere Stunden kalt und trocken absteifen lassen.

4 | Bitterkuvertüre temperieren. Die Pralinenkörper in die Kuvertüre eintauchen und auf ein mit Kakaopulver bedecktes Blech ablegen. Sobald die Kuvertüre anzieht, die Pralinen mit einer Gabel durch das Kakaopulver rollen.

Eine Kreation von Jörg Kraume, Café Kraume, 33615 Bielefeld, Ostwestfalen

Edelherbe Chilipralinen

1 | Edelbitterkuvertüre fein hacken und in eine Schüssel geben. Die Sahne mit dem Chilipulver würzen und zum Kochen bringen. Über die Kuvertüre gießen und die Masse ein wenig ruhen lassen. Mit einem Kochlöffel (kein Schneebesen) so lange von innen nach außen rühren, bis eine homogene Masse entstanden ist. Die Masse abkühlen lassen.

2 | Die abgekühlte Pralinenmasse auf eine mit Backpapier ausgelegte Unterlage etwa 1 Zentimeter dick aufstreichen und an einem kühlen Ort in etwa 8 Stunden erstarren lassen.

3 | Edelbitterkuvertüre temperieren, die Oberfläche der Pralinenplatte damit dünn bestreichen und fest werden lassen. Die Platte wenden und in etwa 2,5 x 2,5 Zentimeter große Stücke schneiden. Die Pralinen ganz mit Edelbitterkuvertüre überziehen und mit Chilibröseln garnieren.

Eine Kreation von Matthias Meier, Confiserie Peters, 59555 Lippstadt, Nordrhein-Westfalen

Zutaten für 60 Stück

300 g Edelbitterkuvertüre
300 g Sahne
10 g Chilipulver

Außerdem:

500 g Edelbitterkuvertüre
zerstoßene Chilischoten

Zubereitungszeit 1–2 Stunden
Ruhezeit 8–12 Stunden
Haltbarkeit 14 Tage

Pfefferminztrüffel

Zutaten für 100 Stück

280 g weiße Kuvertüre
280 g Sahne
90 g Fondant
40 g Butter
2 g Pfefferminzöl

Außerdem:

100 Zartbitterhohlkugeln
200 g weiße Kuvertüre
400 g Zartbitterkuvertüre

Zubereitungszeit 1 Stunde
Ruhezeit 1 Tag
Haltbarkeit 4 Wochen

1 | Die weiße Kuvertüre fein hacken. Die Sahne aufkochen und von der Kochstelle nehmen. Den Fondant und die Butter in die kochend heiße Sahne einrühren. Die Kuvertüre zugeben und darin schmelzen. Zum Schluss das Pfefferminzöl einrühren. Die Masse auf 30 °C abkühlen lassen.

2 | Die Ganache in einen Spritzbeutel mit Lochtülle geben und die Hohlkugeln damit füllen. Über Nacht ruhen lassen.

3 | Weiße Kuvertüre temperieren, in ein Garniertütchen füllen und die Kugeln mit je 1 Tropfen verschließen.

4 | Zartbitterkuvertüre temperieren und die Rohlinge damit überziehen. Weiße Kuvertüre erneut temperieren, in ein Garniertütchen füllen, die Spitze knapp abschneiden und jede Praline mit 1 Strich garnieren.

Eine Kreation von Bernd Bücker, Spetsmann GmbH, 58638 Iserlohn, Nordrhein-Westfalen

Szechuanpfefferpralinen

1 | Die Sahne mit Salz und Szechuanpfeffer zum Kochen bringen und einige Minuten ziehen lassen.

2 | Die Kuvertüre fein hacken und in eine Schüssel geben. Die Sahne durch ein Sieb auf die gehackte Kuvertüre gießen und beides gemeinsam unter Rühren zu einer glatten, glänzenden Masse verarbeiten.

3 | Die Ganache nach Belieben auf Backpapier als Tupfer dressieren oder in einen etwa 1 Zentimeter hohen Rahmen zu einer Platte gießen und nach Belieben schneiden. Die Pralinenrohlinge 48 Stunden auskristallisieren lassen.

4 | Vollmilchkuvertüre in einem Wasserbad schmelzen, temperieren und die Pralinenrohlinge damit überziehen.

Eine Kreation von Johannes Storath, Confiserie Storath GmbH Pralinenmanufactur, 96110 Schesslitz/Stuebig, Bayern

Zutaten für 120 Stück

300 g Sahne
5 g Salz
8 g Szechuanpfeffer
500 g Vollmilchkuvertüre (40 % Kakao)

Außerdem:

500 g Vollmilchkuvertüre

Zubereitungszeit 50 Minuten
Ruhezeit 48 Stunden
Haltbarkeit 4 Wochen

Koriander-Blätterkrokant

1 | Nougat im Wasserbad schmelzen und lauwarm erwärmen. Mit Koriander würzen. Eine Pfanne erhitzen und den Boden nur knapp mit etwas Zucker ausstreuen. Warten, bis sich der Zucker verflüssigt. Nach und nach immer gerade so viel weiteren zugeben, dass der flüssige Zucker nicht verklumpt. Sobald sich dieser bräunlich färbt, mit einem Holzlöffel langsam rühren. Je dunkler er ist, desto kräftiger wird der Karamellgeschmack. Die Pfanne beiseitenehmen und die Butter in den flüssigen Zucker einrühren; Vorsicht, Verbrennungsgefahr!

2 | Den flüssigen Karamell in den flüssigen Nougat gießen. Mit einem Holzlöffel – am Kesselrand ansetzend – in einer vertikal kreisenden Bewegung über den Boden fahren und die Masse in Fäden hochziehen. Den feinblättrigsten und knusprigsten Blätterkrokant erreicht man, wenn Karamell und Nougat sich noch nicht ganz vermischt haben. Je länger und intensiver man rührt, desto sandiger wird er.

3 | Die Masse auf Backpapier schütten, mit Backpapier abdecken und zu einer 1 bis 1,5 Zentimeter dicken Platte ausrollen. Über Nacht bei Raumtemperatur auskühlen lassen. Am nächsten Tag in gut 2 x 2 Zentimeter große Stücke schneiden. Kuvertüre temperieren und die Stücke damit überziehen.

Achtung! Das Arbeiten mit flüssig geschmolzenem Zucker ist sehr gefährlich!

Zutaten für 40–50 Stück

250 g heller Mandel- oder Nussnougat
3 g Korianderpulver
150 g Zucker
10 g Butter

Außerdem:

150 g Vollmilchkuvertüre (52 % Kakao)

Zubereitungszeit 1 Stunde
Ruhezeit 12 Stunden
Haltbarkeit 6 Monate

Eine Kreation von Oliver Coppeneur, CCC Confiserie Coppeneur et Compagnon GmbH, 53604 Bad Honnef, Nordrhein-Westfalen

Ingwerpralinen

Zutaten für 120 Stück

30 g Ingwer
300 g Sahne
330 g Halbbitterkuvertüre (60 % Kakao)
120 g Edelbitterkuvertüre (72 % Kakao)
130 g Butter

Außerdem:

500 g dunkle Kuvertüre (50-60 % Kakao)

Zubereitungszeit 50 Minuten
Ruhezeit 48 Stunden
Haltbarkeit 4 Wochen

1 | Den Ingwer schälen und in Stücke schneiden. Die Sahne mit dem Ingwer aufkochen und etwa 5 Minuten ziehen lassen.

2 | Beide Kuvertüren hacken und in eine Schüssel geben. Die heiße Sahne durch ein feines Sieb zur Kuvertüre gießen und alles unter Rühren miteinander vermengen. Die Masse auf 35 bis 40 °C abkühlen lassen.

3 | Die Butter in Würfel schneiden und unter die Ganache rühren. Einen 8 bis 10 Millimeter hohen Rahmen auf eine mit Backpapier ausgelegte Unterlage stellen und die Ganache darin verstreichen. 48 Stunden bei 15 °C auskristallisieren lassen.

4 | Die erstarrte Platte in mundgerechte Stücke schneiden. Dunkle Kuvertüre temperieren und die Pralinenrohlinge damit überziehen.

Eine Kreation von Johannes Storath, Confiserie Storath GmbH Pralinenmanufactur, 96110 Schesslitz/Stuebig, Bayern

Rahmcassis

Zutaten für 45 Stück

20 g Cassismark (Blaubeere), tiefgefroren
2 g Fruchtsäure
100 g Sahne
50 g Blütenhonig
165 g Zucker

Außerdem:

45 Zartbitterhohlkugeln
800 g Zartbitterkuvertüre

Zubereitungszeit 90 Minuten
Ruhezeit 2 Stunden
Haltbarkeit 60 Tage

1 | Das Cassismark auftauen und die Fruchtsäure unterrühren. Die Sahne, den Blütenhonig und den Zucker vermischen und auf 120 °C erhitzen. Bei dieser Temperatur das gesäuerte Cassismark zugeben – Vorsicht, Verbrennungsgefahr!

2 | Den Sud auf einer Steinplatte so lange tablieren, bis dieser eine weiße Farbe annimmt. Die abgekühlte Masse in einen Spritzbeutel mit Lochtülle geben und in die Hohlkörper füllen.

3 | Zartbitterkuvertüre temperieren, die Hohlkugeln mit je 1 Tropfen verschließen und abkühlen lassen. Die Kugeln erneut in temperierte Zartbitterkuvertüre tauchen und auf einem Gitter zackig abrollen.

Achtung! Das Arbeiten mit flüssig geschmolzenem Zucker ist sehr gefährlich!

Eine Kreation von Albert Möckl, Lanwehr GmbH, 89257 Illertissen, Bayern

Karamelltrüffel

1 | Die helle Kuvertüre klein hacken. Die Sahne mit dem Instantkaffee kurz aufkochen.

2 | Den Zucker in einem Topf zu Karamell schmelzen. Die Sahne vorsichtig unter den Karamell rühren. Die Masse lauwarm abkühlen lassen. Den Honig zugeben. Die Kuvertüre unterrühren und die Masse abkühlen lassen.

3 | Die Karamellmasse mit einem Schneebesen luftig aufschlagen. In einen Spritzbeutel mit Lochtülle Nr. 7 geben und lange Stränge auf Backpapier aufdressieren. Die Pralinenstreifen für 2 Stunden kühl stellen.

4 | Die erkalteten Pralinenstränge in 2 Zentimeter lange Stücke schneiden. Zartbitterkuvertüre temperieren. Die Pralinen mit einer Pralinengabel in Kuvertüre tauchen, leicht abklopfen und in den Schokospänen wälzen.

Achtung! Das Arbeiten mit flüssig geschmolzenem Zucker ist sehr gefährlich!

Eine Kreation von Josef Große-Bölting, Pralinen-Manufactur Josef Große-Bölting e. K., 46414 Rhede, Nordrhein-Westfalen

Zutaten für 95 Stück

500 g Vollmilchkuvertüre (32 % Kakao)
200 g Sahne
20 g Instantkaffee
100 g Zucker
100 g Honig

Außerdem:

500 g Zartbitterkuvertüre (50 % Kakao)
Schokospäne

Zubereitungszeit 90 Minuten
Ruhezeit 2 Stunden
Haltbarkeit 7 Tage

Bittermandel

Zutaten für 130 Stück

800 g Zartbitterkuvertüre (mind. 60 % Kakao)

400 g Sahne

500 g Butter

250 g Mandelnougat

Außerdem:

Kakaopulver

Zubereitungszeit 1 Stunde
Ruhezeit 2 1/2 Stunden
Haltbarkeit 14 Tage

1 | Die zartbittere Kuvertüre klein hacken. Die Sahne kurz aufkochen, von der Kochstelle nehmen und die gehackte Kuvertüre unter Rühren darin auflösen. Die Creme abkühlen lassen.

2 | Butter und Mandelnougat mit dem Handrührgerät auf höchster Stufe schaumig schlagen. Die Butter-Mandelnougat-Masse unter die abgekühlte Kuvertürecreme rühren.

3 | Mit einem Esslöffel walnussförmige Ovale aus der Creme formen, in Kakaopulver setzen und mit Kakaopulver bestäuben. Die Pralinen für 2 Stunden kühl stellen.

Eine Kreation von Josef Große-Bölting, Pralinen-Manufactur Josef Große-Bölting e. K., 46414 Rhede, Nordrhein-Westfalen

Vanilletrüffel

Zutaten für 75 Stück

1–2 Vanilleschoten
250 g Sahne
50 g Butter
50 g Glukosesirup
200 g weiße Kuvertüre

Außerdem:

75 weiße Hohlkugeln
300 g weiße Kuvertüre
50 g dunkle Kuvertüre

Zubereitungszeit 75 Minuten
Ruhezeit 2 Stunden
Haltbarkeit 10–12 Wochen

1 | Die Vanilleschoten längs aufschneiden und das Mark herauskratzen. Die Sahne mit der Butter, dem Glukosesirup, den Vanilleschoten und dem Vanillemark aufkochen. Die Vanilleschoten entfernen.

2 | Die weiße Kuvertüre raspeln und in die warme Sahnemischung rühren, bis die Masse glatt ist. Die Masse abkühlen lassen.

3 | Die Trüffelmasse in einen Spritzbeutel mit Lochtülle geben und in die Hohlkörper füllen. Nachdem sich eine leichte Haut gebildet hat, etwas weiße Kuvertüre temperieren und mit je 1 Tupfer die Kugeln verschließen. Die Trüffel gut 2 Stunden ruhen lassen.

4 | Erneut weiße Kuvertüre temperieren. Die Trüffel damit überziehen, absetzen und abkühlen lassen. Dunkle Kuvertüre temperieren und die Trüffel beliebig verzieren. Vor dem Verzehr 2 bis 3 Tage ruhen lassen.

Eine Kreation von Oliver Coppeneur, CCC Confiserie Coppeneur et Compagnon GmbH, 53604 Bad Honnef, Nordrhein-Westfalen

Schichtnougat

Zutaten für 70 Stück

500 g Nussnougat, dunkel
80 g Zartbitterkuvertüre
250 g Sahnenougat, hell
45 g weiße Kuvertüre

Außerdem:
1 kg Vollmilchkuvertüre

Zubereitungszeit 90 Minuten
Ruhezeit 2 Stunden
Haltbarkeit 30 Tage

1 | Den Nussnougat in einem Wasserbad auf 28 °C erwärmen (auflösen), dabei die Temperatur nicht überschreiten. Die Zartbitterkuvertüre fein hacken und in einem Wasserbad unter Rühren schmelzen; sie soll 34 °C warm sein. Die Zartbitterkuvertüre unter den Nussnougat rühren. Mit dem Sahnenougat und der weißen Kuvertüre genauso verfahren.

2 | Auf eine mit Backpapier ausgelegte Arbeitsplatte 2 Leisten aus Holz oder Metall mit einer Höhe von mindestens 2,5 Zentimetern parallel nebeneinander legen. $^1/_3$ des Nussnougats dazwischen verteilen. Nachdem dieser angezogen hat, die Hälfte des Sahnenougats auf die Fläche des Nussnougats streichen und warten, bis dieser erkaltet ist. Die Schritte so lange wiederholen, bis der Nougat aufgebraucht ist. Es entstehen somit 5 Schichten: 3 dunkle und 2 helle.

3 | Die Pralinenplatte in etwa 2 Stunden aushärten lassen. Die Leisten entfernen. Vollmilchkuvertüre temperieren und die Unterseite der Platte dünn damit bestreichen.

4 | Die Platte wenden und in 2,5 x 2 Zentimeter große Stücke schneiden. Die Stückchen mit temperierter Vollmilchkuvertüre bis zur Hälfte absetzen.

Eine Kreation von Albert Möckl, Lanwehr GmbH, 89257 Illertissen, Bayern

Schokotrüffel

Zutaten für 120 Stück

430 g dunkle Kuvertüre (70 % Kakao)

390 g Sahne

90 g Butter

Außerdem:

500 g dunkle Kuvertüre (50-60 % Kakao)

Kakaopulver

Zubereitungszeit 1 Stunde
Ruhezeit 48 Stunden
Haltbarkeit 4 Wochen

1 | Die Kuvertüre hacken und in eine Schüssel geben. Die Sahne aufkochen, über die Kuvertüre gießen und von der Mitte aus rühren, bis eine elastische, glänzende Masse entstanden ist. Dabei darauf achten, dass keine Luftblasen eingearbeitet werden. Die Masse auf 35 bis 40 °C abkühlen lassen.

2 | Die Butter in Würfel schneiden und unter die Ganache rühren. Die Masse auf ein Blech geben und für 30 Minuten etwas auskristallisieren lassen.

3 | Eine Unterlage mit Backpapier auslegen. Die abgekühlte Ganache in einen Spritzbeutel mit 8er-Lochtülle geben und auf das Backpapier kleine Tupfen dressieren. Die Pralinen 48 Stunden bei 15 °C ruhen lassen.

4 | Für den Überzug dunkle Kuvertüre temperieren. Die Pralinen damit überziehen und in Kakaopulver wälzen.

Eine Kreation von Johannes Storath, Confiserie Storath GmbH Pralinenmanufactur, 96110 Schesslitz/Stuebig, Bayern

Limette-Sahne-Trüffel

1 | Die Sahne aufkochen. Die Butter klein würfeln und unter die Sahne rühren. Nacheinander Maracuja-, Orangen- und Limettensaft einrühren.

2 | Die weiße Kuvertüre raspeln und in die warme Sahnemischung rühren, bis die Masse glatt ist. Den Rum zufügen. Die warme Masse zum Abkühlen in den Kühlschrank stellen.

3 | Ein Blech mit Backpapier auslegen. Sobald die Masse fest ist, diese noch mal leicht durchrühren. Portionsweise in einen Spritzbeutel mit Lochtülle Nr. 11 füllen und kleine Häufchen auf das Backpapier spritzen. In den Kühlschrank stellen, bis sie fest sind.

4 | Für den Überzug die weiße Kuvertüre grob hacken, im Wasserbad schmelzen und auf 27 bis 28 °C temperieren. Die Rohlinge mit der temperierten Kuvertüre in der Hand rollen, absetzen und erstarren lassen. Diesen Vorgang 2 bis 3-mal durchführen, damit jeder Pralinenkörper einen schönen Kuvertüremantel erhält.

Eine Kreation von Walter Imping, Confiserie Imping, 48691 Vreden, Nordrhein-Westfalen

Zutaten für 120 Stück

300 g Sahne
50 g Butter
40 g frisch gepresster Maracujasaft
40 g frisch gepresster Orangensaft
30 g frisch gepresster Limettensaft
480 g weiße Kuvertüre
20 ml weißer Jamaicarum

Außerdem:

1 kg weiße Kuvertüre

Zubereitungszeit 1 Stunde
Ruhezeit 2 Stunden
Haltbarkeit 30 Tage

Honig-Vanille-Mandolinos

Zutaten für 72 Stück

400 g Mandelsplitter
1/2 Vanilleschote
40 g Bienenhonig

Außerdem

280 g Kuvertüre (Vollmilch/Zartbitter je nach Geschmack)

Zubereitungszeit 1 Stunde
Ruhezeit 2 Stunden
Haltbarkeit 3 Monate

1 | Die Mandelsplitter im Backofen bei 180 °C (Umluft 160 °C, Gas Stufe 2–3) kurz erwärmen. Die Vanilleschote längs aufschneiden und das Mark herauskratzen. Den Honig mit dem Vanillemark auf etwa 65 °C erhitzen. Die noch warmen Mandelsplitter untermischen.

2 | Ein Backblech mit Backpapier auslegen. Die Mandelmasse darauf verteilen und bei 180 °C im Backofen goldgelb rösten. Auf Zimmertemperatur abkühlen lassen und in eine Schüssel geben.

3 | Die Kuvertüre temperieren und unter die Mandeln ziehen. Von dieser Masse mit einem Teelöffel kleine Häufchen auf ein mit Backpapier ausgelegtes Blech setzen. Die Mandolinos kurz erkalten lassen; sie sind nach etwa 20 Minuten zum Verzehr geeignet.

Eine Kreation von Matthias Meier, Confiserie Peters, 59555 Lippstadt, Nordrhein-Westfalen

Kaffeepralinen

Zutaten für 45 Stück

50 g Milchkuvertüre
220 g Zartbitterkuvertüre
100 g Sahne
2 TL Instantkaffee
20 ml Weinbrand

Außerdem:

800 g Vollmilchkuvertüre
45 Espressobohnen

Zubereitungszeit 1 Stunde
Ruhezeit 24 Stunden
Haltbarkeit 30 Tage

1 | Für die Blättchen Milchkuvertüre temperieren und 50 Gramm auf eine mit Backpapier ausgelegte Arbeitsfläche dünn aufstreichen. Mit einem kleinen Ausstecher von etwa 2 Zentimetern Länge 45 feine Blättchen ausstechen.

2 | Die dunkle Kuvertüre fein hacken. Die Sahne mit dem Instantkaffee aufkochen, von der Kochstelle nehmen und die Kuvertüre einrühren. Den Weinbrand unterziehen.

3 | Die Sahnemasse in einen Spritzbeutel mit 10er-Lochtülle füllen und auf die Kuvertürenblättchen rund aufspritzen. Die Pralinen 24 Stunden ruhen lassen.

4 | Am nächsten Tag Vollmilchkuvertüre temperieren und die Pralinen damit überziehen. Je 1 Espressobohne auf die frisch überzogenen Pralinen setzen.

Eine Kreation von Eberhard Schell, Schokoladenmanufaktur Schell, 74831 Gundelsheim, Baden-Württemberg

Trüffel Café

1 | Sahne, Zucker, Vanillemark und Instantkaffee zum Kochen bringen. Die Sahne von der Kochstelle nehmen.

2 | Die Zartbitterkuvertüre hacken und zusammen mit dem Nougat unter Rühren in der heißen Sahne auflösen. Die Kuvertürensahne auf 40 °C abkühlen lassen.

3 | Die Butter mit den Quirlen des Handrührgeräts schaumig schlagen und unter die abgekühlte Kuvertürensahne mischen. Die Masse in einen Spritzbeutel mit Lochtülle Nr. 6 füllen und zu kleinen Häufchen auf ein mit Backpapier ausgelegtes Blech aufdressieren. Über Nacht im Kühlschrank aushärten lassen.

4 | Die Zartbitterkuvertüre temperieren. Die Pralinen mit Hilfe einer Pralinengabel hineintauchen, leicht abklopfen und sofort in Kakaopulver rollen.

Eine Kreation der Pralinen-Manufactur Josef Große-Bölting e.K., 46414 Rhede, Nordrhein-Westfalen

Zutaten für 30 Stück

130 g Sahne
70 g Zucker
Mark von 1 Vanilleschote
8 g Instantkaffee
210 g Zartbitterkuvertüre
50 g Mandelnougat
150 g Butter

Außerdem:

600 g Zartbitterkuvertüre
300 g Kakaopulver

Zubereitungszeit 1 Stunde
Ruhezeit 12 Stunden
Haltbarkeit 10 Tage

Veilchen-Ganache

Zutaten für 80 Stück

Für die Tupfen:

200 g Vollmilchkuvertüre

Für die Ganache:

100 g Butter
250 g Sahne
100 g Honig
Mark von 1 Vanilleschote
300 g Vollmilchkuvertüre
200 g Edelbitterkuvertüre
20 ml Veilchenaroma
50 ml Maraschino

Außerdem:

1 kg weiße Kuvertüre
kandierte Veilchen

Zubereitungszeit 3 Stunden
Ruhezeit 1 Stunde
Haltbarkeit 14 Tage

1 | Für die Tupfen die Vollmilchkuvertüre hacken, im Wasserbad schmelzen und temperieren. Die Masse in einen Spritzbeutel füllen und in mehreren Reihen 80 Schokotupfen auf eine mit Backpapier ausgelegte Unterlage spritzen. Die Tupfen erstarren lassen.

2 | Für die Ganache Butter, Sahne, Honig und Vanillemark aufkochen. Beide Kuvertüresorten fein hacken, unter die Sahnemischung rühren und abkühlen lassen.

3 | Veilchenaroma und Maraschino zugeben und alles mit den Quirlen der Küchenmaschine leicht aufschlagen. Die Creme in eine Spritztüte mit 10er-Lochtülle füllen und Tupfer auf die Schokotropfen dressieren. Erkalten lassen.

4 | Weiße Kuvertüre im Wasserbad schmelzen und temperieren. Die Tupfen damit überziehen und kandierte Veilchen auf den noch warmen Überzug aufsetzen.

Info Kandierte Veilchen gibt es in Fachgeschäften und gut sortierten Supermärkten zu kaufen. Veilchenaroma können Sie in Apotheken kaufen.

Eine Kreation der Fritz Kunder GmbH, 65185 Wiesbaden, Hessen

Zum Temperieren nach der Impfmethode die Kuvertüre klein hacken, zwei Drittel davon in einem Wasserbad unter Rühren schmelzen. Zum Abkühlen auf 31 bis 32 °C nach und nach kalte Schokoladenstücke unterrühren.

Chili-Orange-Trüffel

1 | Die Chilischote klein hacken und mit Cayennepfeffer unter den Orangensaft rühren. Den Saft erhitzen und einreduzieren; das dauert etwa 10 Minuten. Den Orangensirup passieren.

2 | Die Vollmilchkuvertüre klein hacken und in eine Schüssel geben. Die Sahne aufkochen, über die Kuvertüre gießen und den noch warmen Orangensirup dazugeben. Die Masse unter ständigem Rühren mit einem Rührlöffel leicht glatt arbeiten. Die Masse auf etwa 50 °C abkühlen lassen und den Orangenlikör unterrühren; dabei keine Luft unterschlagen.

3 | Die Trüffelmasse mit knapp unter 30 °C in die Hohlkörper einfüllen. Etwas Vollmilchkuvertüre temperieren und mit je 1 Tupfer die Löcher schließen. Die Trüffel über Nacht ruhen lassen.

4 | Am nächsten Tag Vollmilchkuvertüre temperieren. Zucker und Kakaopulver in einem flachen Gefäß vermischen. Latexhandschuhe anziehen, 4 Trüffel in die linke Hand legen, mit der rechten Hand etwas temperierte Kuvertüre nehmen und mit beiden Händen die Trüffel rollen. In die Zucker-Kakao-Mischung legen und das flache Gefäß schütteln. Wenn die Trüffel fest sind, kann man sie herausnehmen.

Eine Kreation von Albert Möckl, Lanwehr GmbH, 89257 Illertissen, Bayern

Zutaten für 100 Stück

1 kleines Stück getrocknete Chilischote
0,5 g Cayennepfeffer
250 ml Orangensaft
225 g Vollmilchkuvertüre
190 g Sahne
10 ml Orangenlikör (z. B. Cointreau)

Außerdem:

100 Vollmilchhohlkörper
300 g Vollmilchkuvertüre
60 g Zucker
15 g Kakaopulver

Zubereitungszeit 1 Stunde
Ruhezeit 12 Stunden
Haltbarkeit 90 Tage

Teepralinen

Zutaten für 35 Stück

100 g Sahne
4 Beutel kräftiger Assamtee
200 g Milchkuvertüre

Außerdem:
500 g dunkle Kuvertüre
100 g Milchkuvertüre

Zubereitungszeit 35 Minuten
Ruhezeit 24 Stunden
Haltbarkeit 20 Tage

1 | Die Sahne in einem Topf aufkochen. Die Teebeutel einlegen, den Topf von der Kochstelle nehmen und den Tee etwa 10 Minuten ziehen lassen. Die Teebeutel aus der Sahne entfernen.

2 | Die Milchkuvertüre in feine Stücke hacken und in die warme Teesahne einrühren, bis sie sich vollständig aufgelöst hat.

3 | Die Masse auf eine mit Backpapier ausgelegte Unterlage etwa 5 Millimeter dick streichen. An einem kühlen Ort in 24 Stunden fest werden lassen.

4 | Am nächsten Tag die erstarrte Masse mit einem Messer oder einer Rollharfe in 2 x 2 Zentimeter große Stücke schneiden.

5 | Dunkle Kuvertüre temperieren. Die Pralinenrohlinge damit überziehen, absetzen und trocknen lassen. Milchkuvertüre temperieren, in eine Spritztüte füllen, die Spitze mit einer Schere abschneiden und auf jede Praline das Wort »Tee« schreiben.

Eine Kreation von Eberhard Schell, Schokoladenmanufaktur Schell, 74831 Gundelsheim, Baden-Württemberg

Tee
Tee
Tee
Tee
Tee
Tee

Grünertee-Ingwer-Pralinen

1 | Die Sahne mit den Teeblättern aufkochen, von der Kochstelle nehmen und absieben. Die Kuvertüre hacken, zur heißen Sahne geben und unter Rühren darin schmelzen. Den Ingwer hacken und unterrühren. Die Masse abkühlen lassen.

2 | Eine Unterlage mit Backpapier auslegen. Die abgekühlte Sahne-Tee-Masse darauf etwa 1 Zentimeter dick aufstreichen und erstarren lassen.

3 | Die Vollmilchkuvertüre temperieren. Die Oberfläche der Pralinen damit abstreichen und erstarren lassen.

4 | Die Platte wenden und in etwa 2,5 x 2,5 Zentimeter kleine Stücke schneiden. Die Pralinen mit Hilfe einer Pralinengabel ganz mit temperierter Vollmilchkuvertüre überziehen und mit je 1 Stück kandiertem Ingwer garnieren.

Eine Kreation von Andreas Bellem, Excellent Confiserie Spezialitäten GmbH, 74889 Sinsheim-Dühren, Baden-Württemberg

Zutaten für 70 Stück

125 g Sahne
10 g grüner Tee
275 g Zartbitterkuvertüre
20 g kandierter Ingwer

Außerdem:

250 g Vollmilchkuvertüre
20 g kandierte Ingwerstäbchen

Zubereitungszeit 75 Minuten
Ruhezeit 30 Minuten
Haltbarkeit 60 Tage

Schwarztee-Kardamom-Trüffel

Zutaten für 40 Stück

2 EL schwarzer Tee
200 g Sahne
60 ml Rum
15 Körner zerstoßener Kardamom
250 g Bitterkuvertüre
315 g Vollmilchkuvertüre

Außerdem:

40 Zartbitterhohlkugeln
ca. 600 g Bitterkuvertüre
Kakaopulver

Zubereitungszeit 1 Stunde
Ruhezeit 3 Stunden
Haltbarkeit 14 Tage

1 | Die Teeblätter mit 20 Millilitern kochendem Wasser übergießen und in 7 Minuten zu einem würzigen Schwarztee ziehen lassen.

2 | Sahne, Rum, Tee und Kardamom in einem Topf aufkochen, die Hitzezufuhr reduzieren und etwa 25 Minuten ziehen lassen. Die gewürzte Sahne durch ein feines Sieb passieren.

3 | Beide Kuvertüren hacken und in eine Schüssel geben. Die passierte heiße Sahne zugeben und alles mit einem Schneebesen glatt rühren. Die Ganache auf Zimmertemperatur abkühlen lassen.

4 | Die Ganache in die Hohlkugeln füllen. Bitterkuvertüre temperieren und die Hohlkugeln damit verschließen. Die Trüffel mit der restlichen Kuvertüre überziehen. Mit Kakaopulver bestäuben.

Eine Kreation der Pralinen-Manufactur Josef Große-Bölting e.K., 46414 Rhede, Nordrhein-Westfalen

Gewürzpralinen

1 | Die Sahne zum Kochen bringen, die Teeblätter, Minzeblätter, Zimtstangen und den Ingwer zugeben und leise kochen lassen. Die gewürzte Sahne von der Kochstelle nehmen und passieren.

2 | Beide Kuvertürensorten hacken, unter die Sahne rühren und die Masse etwa 1 Minute ruhen lassen. Anschließend von innen nach außen zu einer homogenen Masse verrühren. Bei 16 bis 18 °C 12 Stunden lang abkühlen lassen.

3 | Die Masse im Wasserbad auf etwa 25 °C erwärmen und mit den Quirlen des Handrührgeräts geschmeidig rühren; bei Bedarf etwas nachwärmen. Die Masse in einen Spritzbeutel mit Lochtülle Nr. 8 füllen und auf eine mit Backpapier ausgelegte Unterlage rund dressieren. Die Pralinen 12 Stunden bei etwa 18 °C ruhen lassen.

4 | Extrabittere Kuvertüre für den Überzug temperieren. Die Pralinen damit überziehen und in Kakaopulver wenden.

Info Extrabittere Kuvertüre trägt die Bezeichnung 73/27, da sie zu 73 % aus Kakaomasse und zu 27 % aus Zucker besteht. Sie ist damit noch bitterer als Zartbitterkuvertüre (60/40).

Eine Kreation von Johannes Storath, Confiserie Storath GmbH Pralinenmanufactur, 96110 Schesslitz/Stuebig, Bayern

Zutaten für 150 Stück

550 g Sahne
25 g grüner Tee
25 g Earl-Grey-Tee
40 g frische Minzeblätter
40 g Zimtstangen
40 g Ingwer
600 g Zartbitterkuvertüre
200 g Extrabitterkuvertüre

Außerdem:

ca. 1 kg Extrabitterkuvertüre
Kakaopulver

Zubereitungszeit 1 Stunde
Ruhezeit 24 Stunden
Haltbarkeit 20–30 Tage

Himbeer-Frucht-Pralinen

1 | Beide Kuvertürensorten klein hacken und im Wasserbad schmelzen. Die Kuvertürenmischung soll vor der Weiterverarbeitung 38 °C warm sein.

2 | Unter die geschmolzene Kuvertüre den Sirup und die Hälfte des Himbeermarks rühren, bis eine homogene Masse entstanden ist. Die Masse auf Zimmertemperatur abkühlen lassen.

3 | Die Butter und das restliche Himbeermark unter die Masse rühren. Die so entstandene Ganache in einen mit Backpapier unterlegten Rahmen so streichen, dass eine Platte von etwa 1 Zentimeter Höhe entsteht. Die Creme bei 16 bis 18 °C erstarren lassen.

4 | Zartbitterkuvertüre temperieren. Die Oberfläche der Platte mit einer dünnen Kuvertüreschicht bestreichen und diese erstarren lassen. Die Platte wenden und in 2 x 2 Zentimeter große Quadrate schneiden. Die so entstandenen Rohlinge in temperierte Kuvertüre tauchen und mit Blattgold oder Streusel verzieren.

Eine Kreation von Café Peters, 59555 Lippstadt, Nordrhein-Westfalen

Zutaten für 120 Stück

200 g Zartbitterkuvertüre
200 g Vollmilchkuvertüre
50 g Glukose-Fruktose-Sirup
250 g Himbeermark
75 g weiche Butter

Außerdem:
ca. 750 g Zartbitterkuvertüre
Blattgold (alternativ: Schokostreusel)

Zubereitungszeit 1 Stunde
Ruhezeit mehrere Stunden
Haltbarkeit 14 Tage

Über den Pralinenclub©

Seit nunmehr zehn Jahren begeistern die Pralinenkollektionen brillanter Meister-Chocolatiers unter dem Dach des Pralinenclubs® die Gaumen der Genießer. Wir, Frank Große-Vehne und Klaus Passerschröer, haben unser Hobby zum Beruf gemacht und mit dem Pralinenclub® ein Unternehmen auf die Beine gestellt, das für Genuss pur sorgt.

Mit unseren erfahrenen Pralinenspürnasen sind wir ständig unterwegs, um für unsere Aussendungen handwerklich tätige Meister-Chocolatiers zu finden, die ihre Pralinen- und Schokoladenspezialitäten stets frisch und nur mit ausgewählt natürlichen Zutaten und Aromen zubereiten.

Wir stellen diese erlesenen Spezialitäten in unseren monatlich wechselnden Pralinenclub®-Kollektionen vielen Pralinenliebhabern vor.

Bestellen Sie einfach über Internet oder Telefon und Sie erhalten umgehend die exklusiven und frischen Pralinen per Kurierdienst.

Oben: Der Pralinenclub® hat schon viele (prominente) Fans gewonnen.

Rechts: Der Pralinenclub® ist ständig auf der Suche nach neuen Köstlichkeiten.

Jeder Sendung der Pralinenclub®-Kollektionen legen wir unseren Bewertungsbogen bei, damit Sie, als Genießer und Gourmet, die Pralinen nach Ihrem eigenen Geschmack bewerten können. Die Ergebnisse sind wichtige Informationen für den Pralinenclub® und für die Meister-Chocolatiers, um sich permanent zu verbessern.
Auf unseren Pralinenreisen quer durchs Land – mit unserem Bulli, einem Bus mit Lieferwagenqualitäten – treffen wir schokoladenbegeisterte Feinschmecker, die in geselliger Runde Pralinenverkostungen durchführen. Viele ziehen dabei auch noch Weinexperten zurate, um die interessante Paarung von Wein und Schokolade noch genauer unter die Lupe zu nehmen.
Viele Prominente bekennen sich mittlerweile öffentlich zur Pralinenleidenschaft und sind damit gern Pralinenbotschafter für den Pralinenclub®. Peter Hahne, Jean Pütz, Wolfgang Völz, Ruth Moschner, Sarah Wiener, Rolf Töpperwien und Friedrich Nowottny genießen die monatlichen Pralinenclub®-Kollektionen.
Im Jahr 2008 hat uns Ex-Bundespräsident Horst Köhler erneut zum Sommerfest im Schlosspark Bellevue nach Berlin eingeladen. Selbstverständlich waren wir mit unserem mit feinsten Pralinenspezialitäten vollgepackten Pralinenbulli in Berlin vor Ort.

Jede Monatskollektion enthält 15 handgeschöpfte Pralinen im Duett.

Rezeptregister

Sachregister

Zutatenregister

Über die Autoren

Der Pralinenclub®-Mitbegründer *Klaus Passerschröer* bringt mit jeder neuen Pralinenclub®-Monatskollektion die Begleitinformation »Alles Schokolade« heraus. Schokoladige Genussbeschreibungen und Geschichten aus der handwerklichen Pralinenwelt gehören zu den Hauptthemen, mit denen er sich beschäftigt.
Mehr Infos unter: www.pralinenclub.de

Hinweis

Die Ratschläge/Informationen in diesem Buch sind von Autoren und Verlag sorgfältig erwogen und geprüft, dennoch kann eine Garantie nicht übernommen werden. Eine Haftung der Autoren bzw. des Verlags und seiner Beauftragten für Personen-, Sach- und Vermögensschäden ist ausgeschlossen.

Impressum

Bildnachweis

Alle Fotos stammen von Maja Smend, das Foodstyling von Kim Morphew.

Redaktionsleitung Susanne Kirstein
Projektleitung Dr. Margit Roth
Gesamtproducing v*büro – Jan-Dirk Hansen, München
Bildredaktion Sabine Kestler
Korrektorat Nicola von Otto
Umschlaggestaltung Zeichenpool, München
Litho dietnerZ PrePrint-Produktion, München
Druck und Verarbeitung Mohn media Mohndruck GmbH, Gütersloh
Printed in Germany

FSC www.fsc.org
MIX
Papier aus verantwortungsvollen Quellen
FSC® C011124

Verlagsgruppe Random House
FSC®-DEU-0100

Das für dieses Buch verwendete FSC®-zertifizierte Papier *Allegro halbmatt* wurde produziert von Sappi, Gratkorn.
ISBN 978-3-517-08838-9
817 2635 4453 6271